Programa de Apoio à Produção de Material Didático

Brincando e aprendendo: um novo olhar para o ensino de música

Iveta Maria Borges Ávila Fernandes
Coordenação e Supervisão

Os autores dos textos são integrantes do Projeto de Formação de Educadores "**Tocando, cantando... fazendo música com crianças**", desenvolvido pela Secretaria Municipal de Educação de Mogi das Cruzes / SP, em parceria com o Instituto de Artes / Unesp e a FUNDUNESP.

São Paulo 2011

Universidade Estadual Paulista

Vice-Reitor no exercício da Reitoria
Julio Cezar Durigan

Pró-Reitora de Graduação
Sheila Zambello de Pinho

Pró-Reitora de Pós-Graduação
Marilza Vieira Cunha Rudge

Pró-Reitora de Pesquisa
Maria José Soares Mendes Giannini

Pró-Reitora de Extensão Universitária
Maria Amélia Máximo de Araújo

Pró-Reitor de Administração
Ricardo Samih Georges Abi Rached

Secretária Geral
Maria Dalva Silva Pagotto

Chefe de Gabinete
Carlos Antonio Gamero

Cultura Acadêmica Editora
Praça da Sé, 108 - Centro
CEP: 01001-900 - São Paulo-SP
Telefone: (11) 3242-7171

©Pró-Reitoria de Graduação, Universidade Estadual Paulista, 2011.

B858	Brincando e aprendendo : um novo olhar para o ensino da música / coordenação e supervisão Iveta Maria Borges Ávila Fernandes. – São Paulo : Cultura Acadêmica : Universidade Estadual Paulista, Pró-Reitoria de Graduação, 2011 248 p. + 1CDROM ISBN 978-85-7983-073-0 CDROM contém vídeos, músicas e ilustrações 1. Música – Estudo e Ensino. I. Fernandes, Iveta Maria Borges Ávila. II. Título. CDD 780.7

Ficha catalográfica elaborada pela Coordenadoria Geral de Bibliotecas da Unesp

Programa de apoio
à produção de material didático

Considerando a importância da produção de material didático-pedagógico dedicado ao ensino de graduação e de pós-graduação, a Reitoria da UNESP, por meio da Pró-Reitoria de Graduação (PROGRAD) e em parceria com a Fundação Editora UNESP (FEU), mantém o Programa de Apoio à Produção de Material Didático de Docentes da UNESP, que contempla textos de apoio às aulas, material audiovisual, homepages, softwares, material artístico e outras mídias, sob o selo CULTURA ACADÊMICA da Editora da UNESP, disponibilizando aos alunos material didático de qualidade com baixo custo e editado sob demanda.

Assim, é com satisfação que colocamos à disposição da comunidade acadêmica mais esta obra, "Brincando e aprendendo: um novo olhar para o ensino de música", com a coordenação e supervisão da Profa. Dra. Iveta Maria Borges Ávila Fernandes, do Instituto de Artes do Campus de São Paulo, esperando que ela traga contribuição não apenas para estudantes da UNESP, mas para todos aqueles interessados no assunto abordado.

Equipe prograd

Pró-reitoria de Graduação / **UNESP**

Pró-reitoria
Sheila Zambello de Pinho

Secretária
Silvia Regina Carao

Assessoria
Elizabeth Berwerth Stucchi, Jose Bras Barreto de Oliveira,
Klaus Schlunzen Junior (Coordenador Geral – NEaD), Maria de Lourdes Spazziani

Técnica
Bambina Maria Migliori, Camila Gomes da Silva,
Cecilia Specian, Eduardo Luis Campos Lima,
Fulvia Maria Pavan Anderlini, Gisleide Alves Anhesim Portes,
Ivonette de Mattos, Jose Welington Goncalves Vieira,
Maria Emilia Araujo Goncalves, Maria Selma Souza Santos,
Renata Sampaio Alves de Souza, Sergio Henrique Carregari,
Vitor Monteiro dos Santos

Apoio
FUNDAÇÃO EDITORA DA UNESP
CGB - COORDENADORIA GERAL DE BIBLIOTECAS

Capa
Andrea Yanaguita

Preparação da Capa
Daniel Lazaroni Apolinario e Estela Mleetchol ME

Projeto Gráfico e Diagramação
Daniel Lazaroni Apolinario

Comissão do livro
Ana Lucia Fernandes Gonçalves, Darly Aparecida de Carvalho,
Eliana Souza Coelho, Eulália Anjos Siqueira,
Kelli Correa Brito, Luiza Conceição Silva,
Márcia Cardoso do Nascimento Ferreira, Márcia de Carles Gouvêa,
Marli Aparecida de Souza Machado

Colaboração
Leni Gomes Magi

Fotografia
Kelli Correa Brito
Carlos Roberto Prestes Lopes
Arquivos das escolas

Revisão, Edição e produção de conteúdo multimídia
Carlos Roberto Prestes Lopes

Revisão ortográfica
José Miguel de Mattos

Índice

Agradecimentos 7

Prefácio 9

Percursos, pesquisa e criação - Iveta Maria Borges Ávila Fernandes 13

Achando os sons - CCII Horácia de Lima Barbosa 15

A foca - EM Prof. Adolfo Cardoso 21

Amarelinha Musical - EM Profa Guiomar Pinheiro Franco 29

A música nas múltiplas inteligências - EM Verª. Astréa Barral Nébias / EM Prof. Cid Torquato..... 39

Aprendendo com brincadeiras cantadas - EM Prof. Sérgio Hugo Pinheiro 51

Baú Mágico -   EM Dr. Álvaro de Campos Carneiro 69

Bingo Sonoro -   EM Profa Cecília de Souza Lima Vianna 81

Bola Facetada Musical - EM Prof. João Gualberto Mafra Machado........................... 89

Boliche dos Sons - CCII Profa Ignêz Maria de Moraes Pettená 95

Brincando com Pedro, o Lobo e a Orquestra Sinfônica - CCII Dr Argêu Batalha...................... 101

Caixa Sonora - EM Profa Maria Colomba Colella Rodrigues...................................... 107

CDROM de Jogos - EM José Alves dos Santos 115

Cuidar do Amanhã... - EM Prof.Antonio Nacif Salemi 123

Dado da diversidade - CCII Sebastião da Silva 131

Educar para a Vida - EM Prof. Mario Portes 139

Ensinando Música com Cores e Sons - EMESP Profa Jovita Franco Arouche 159

História para sonorização - EM Profa Noêmia Real Fidalgo 171

Montando a Orquestra - EM Profa Maria José Tenório de Aquino Silva 179

O Carnaval dos Animais - EM Dom Paulo Rolim Loureiro 189

Tapete Sonoro - EM Dr. Isidoro Boucault 199

Trilha Cultural de Mogi das Cruzes - EM Prof. Antonio Paschoal Gomes de Oliveira..................... 211

Trilhando o Brasil - EM Profa Marlene Muniz Schmidt 223

O CD que acompanha este livro contém 239

Ficha Técnica do CD 243

Lista de siglas e abreviaturas

ADE: Auxiliar de Desenvolvimento da Educação (merendeiras)

ADI: Auxiliar de Desenvolvimento Infantil (Antigamente chamadas de babás, tiveram a denominação alterada quando as creches passaram a ser unidades educacionais e estas profissionais deixaram de ser apenas cuidadoras, para terem também função educativa.)

CCII: Centro de Convivência Infantil Integrado

CEMFORPE: Centro Municipal de Formação Pedagógica

EJA: Educação de Jovens e Adultos

EM: Escola Municipal

FUNDUNESP: Fundação para o Desenvolvimento da Unesp

IA-UNESP: Instituto de Artes da Unesp / Campus de São Paulo

PCN-ARTE: Parâmetros Curriculares Nacionais de Arte

RECNEI: Referencial Curricular Nacional para Educação Infantil

ROTE: Reunião de Organização do Trabalho Escolar

SMEMC: Secretaria Municipal de Educação de Mogi das Cruzes

Ícones

- Referência ao CDROM que acompanha este livro.
- Materiais que fazem parte do jogo / material didático.
- Objetivos a serem alcançados pela atividade.
- [4-6] Faixa etária indicativa.
- [∞] Faixa etária indicativa: Ed. Infantil, Ensino Fudamental Regular e EJA.
- Como jogar.
- Partituras.
- Imagem (foto ou ilustração).
- Referências e citações.

Agradecimentos

À Profa Maria Geny B. A. Horle, Secretária de Educação de Mogi das Cruzes, que sugeriu a transformação de todo esse trabalho em livro e ao Prof. Dr. João Cardoso Palma Filho, que apoiou e indicou caminhos para o início da parceria da Secretaria Municipal de Educação de Mogi das Cruzes com o Instituto de Artes da Unesp e a Fundunesp. A parceria e ação desses dois educadores levou o "Tocando, cantando,... fazendo música com crianças", a ser um projeto de pesquisa-ensino que já indicava naquele momento, como primeira realização, o trabalho de criação de atividades lúdicas e materiais pedagógicos tais como: jogos tridimensionais, CD, CD-ROM,.. para o ensino de música nas escolas. Proposta inicial que hoje se transforma no presente livro.

Ao Prof. Dr. Alberto Tsuyoshi Ikeda, pelo Prefácio deste livro, bem como pela revisão final do jogo Trilhando o Brasil.

À "Comissão do Livro" pelo apoio e trabalho conjunto em diferentes momentos das muitas versões pelas quais este livro passou, até chegar a este produto final.

À Leni Gomes Magi, Diretora do Departamento Pedagógico e Luiza Conceição Silva, Chefe da Divisão de Projetos Especiais, ambas da SME de Mogi das Cruzes, com as quais atuamos juntas no "projeto de música" em todo período de elaboração deste livro.

À Eulália Anjos Siqueira, Diretora atual do Departamento Pedagógico e Márcia Cardoso do Nascimento Ferreira, atual Chefe da Divisão de Programas Educacionais, ambas da SME de Mogi das Cruzes, com as quais temos atuado juntas na fase de procedimentos finais deste livro.

Aos Monitores(as) / Orientadores(as) / Pesquisadores(as) Estagiários(as) de Música, pela edificação conjunta dos caminhos desta pesquisa, por acreditarem e descobrirmos juntos como fazê-lo!

À Equipe Técnica da SME, à Direção e Coordenação das Escolas, aos Monitores(as) / Orientadores(as) / Pesquisadores Estagiários de Música, aos Professores, aos Orientadores de Informática das escolas, às ADIs e ADEs, aos Escriturários e Ajudantes Gerais das Escolas que integraram o Projeto "Tocando, cantando,...fazendo música com crianças" desde a concepção à conclusão deste livro. A todos por terem participado desta construção coletiva, pela parceria, pela paciência de fazer e refazer tantas vezes quantas se fez necessário.

Ao ex-aluno e pesquisador estagiário Carlos Roberto Prestes Lopes, pelo incansável e sempre solícito trabalho junto a mim nos caminhos e descaminhos, no fazer e refazer, na procura conjunta do melhor não importando o tempo que seria gasto, nem o quanto haveria ainda a ser feito novamente, ou... a ser inventado!

Prefácio

Alberto T. Ikeda

Muito oportuna é a publicação do presente livro, de jogos e materiais para o ensino e a sensibilização musical de crianças, que vem atender parte da demanda criada no País com o retorno da obrigatoriedade do ensino da música na educação básica, pelo que dispõe a Lei nº 11.769/2008. O trabalho é resultado, em parte, de uma rica experiência em educação e educação musical desenvolvida em escolas públicas municipais da cidade de Mogi das Cruzes, próxima de São Paulo, sob a idealização e coordenação de Iveta Maria Borges Ávila Fernandes, docente do Instituto de Artes, da Universidade Estadual Paulista (UNESP), *campus* de S. Paulo – Barra Funda. Especialista em educação e música, com doutoramento pela Faculdade de Educação da Universidade de S. Paulo, tendo longos anos de experiência como professora e Assistente Pedagógica na Rede Estadual de Ensino de S. Paulo, o trabalho de Mogi começou em 2002, envolvendo suas preocupações com a educação continuada, antecipando em alguns anos as iniciativas que tornaram novamente obrigatório o aprendizado da música nas escolas do País. Tudo se iniciou naquele ano, com uma série de cursos-oficinas, até adquirir, por volta de 2004/2005, a forma de trabalho sistemático de orientação para o trabalho educacional com música, direcionado a professores, coordenadores e diretores, que por livre adesão de cada unidade escolar do município, foi crescendo no decorrer dos anos, constituindo o Projeto **Tocando, cantando ... fazendo música com crianças**. Envolvia-se agora a presença de monitores (estudantes) e professores de música, em atividades semanais com os profissionais das escolas envolvidas no Projeto. Muitos dos monitores eram estudantes de Licenciatura em Educação Musical, do Instituto de Artes, da UNESP, que tinham, assim, oportunidade riquíssima de prática e aprimoramento direto do aprendizado durante os seus estudos. Em 2007, constituiu-se um convênio de trabalho entre a Secretaria Municipal de Educação de Mogi das Cruzes e o Instituto de Artes, através da Fundação para o Desenvolvimento da UNESP (FUNDUNESP), como Projeto de Pesquisa-Ensino, que apresenta nesta publicação alguns dos seus resultados.

Conheci o trabalho realizado em Mogi das Cruzes quando a Profa. Iveta me convidou para uma palestra, sobre a música e a cultura popular aplicada na educação, para equipes pedagógicas de diversas escolas do município. Na ocasião comentei a minha satisfação por conhecer escolas públicas desenvolvendo aquele tipo de trabalho educacional com a música, fato esse que no geral se mantinha, então, sobretudo em escolas privadas, de "melhor nível", conforme se dizia na época, nas quais a formação voltada também para os aspectos do sensível e do criativo, com música, artes plásticas e teatro ainda se fazia de modo regular e não episódico, constituindo um grande diferencial em relação ao ensino público. Tratava-se, sim, de uma louvável visão política de educação adotada naquele município que oferecia também ao estudante da escola pública uma formação mais integral.

O princípio de trabalho que se realizava em Mogi era interessante, ainda, pela forma como as (os) educadoras (es), sem serem "especialistas em música", eram motivadas e preparadas para a aproximação com esta, com o auxílio de bolsistas-estudantes e professores especializados. Assim, a música e a sensibilização para as expressões sonoras deixavam de ser prerrogativa apenas daqueles que possuem estudo específico, fato esse que é fundamental no convívio social, pois deixa às crianças a percepção de que a música e outras formas expressivas podem ser, de fato, mais próximas do cotidiano e não prerrogativa para poucos, sobretudo quando aliada com a dança, o teatro, a poesia/letra e as artes plásticas, e com a criação. Há de se levar em conta, inclusive, que, no mesmo sentido, nas sociedades, à maneira do que ocorre nas comunidades identificadas como tradicionais ou étnicas, estas linguagens não devem ser compreendidas, como é comum, apenas como expressões de escopo estético, como arte, mas, ainda, como experiências que envolvem a socialização e seus desdobramentos, o desenvolvimento da capacidade criativa, as experiências psicomotoras, além de outros aspectos, e, até, da formação e preservação de uma identidade cultural, fazendo crescer, sem dúvida, a importância da presença delas na vida dos indivíduos e comunidades. No caso específico da música podemos, certamente, pensar em um acervo sonoro como patrimônio comum e identitário próprio, brasileiro .

O livro traz propostas de jogos musicais e materiais de aplicação com alunos, de diversas idades, que surgiram da experiência educacional, ou seja, construída a partir das vivências e das bases teóricas que a elas foram oferecidas no Projeto, trazendo ainda material multimídia, de áudio, vídeo e imagens para uso nas atividades. O resultado decorre, assim, de um esforço coletivo, dentro daquilo que há de mais interessante em termos de uma ação educacional construtiva, partilhada, envolvendo as equipes pedagógicas das escolas, assim como monitores e professores especializados, e, evidentemente, as próprias crianças, com base no fazer lúdico. As atividades propostas levam em consideração aspectos teóricos embasados em autores reconhecidos da educação musical e disponibiliza rápidos comentários sobre os fundamentos teóricos de cada jogo, apresentando também bibliografia que permite o aprofundamento de estudo, se o usuário assim o desejar.

Eis um livro que terá, sem dúvida, grande sucesso e utilidade no trabalho de professores em geral, e, sobretudo, no ensino da educação musical.

Alberto T. Ikeda
Etnomusicologia / Cultura Popular
(Instituto de Artes – UNESP – *campus* de S. Paulo)

Para os educadores e educadoras que atuam com ensino de música na escola e despertam a alegria e o prazer de fazer, pesquisar e ensinar música.

Percursos, pesquisa e criação

Iveta Maria Borges Ávila Fernandes

Em busca de caminhos de pesquisa que levassem à criação de jogos e de materiais didáticos para ensinar e aprender música, começamos no 2º semestre de 2007 uma nova fase do projeto de formação contínua de educadores da Secretaria Municipal de Educação de Mogi das Cruzes: "Tocando, cantando,...fazendo música com crianças". Naquele ano este projeto passou a ser um projeto de pesquisa-ensino, modalidade de pesquisa-ação, numa parceria da Secretaria Municipal de Educação de Mogi das Cruzes com o Instituto de Artes da UNESP e a FUNDUNESP. Para nos conduzir neste percurso, tínhamos como bússola as perguntas:

- Quais materiais e atividades didático-pedagógicas podemos criar, atividades que nos auxiliem no ensino-aprendizagem de música na sala de aula?

- Como melhor desenvolver a linguagem musical pesquisando e criando atividades lúdicas e materiais didáticos, que contribuam para o conhecimento na área de Arte / Música?

- Para os diferentes segmentos: Educação Infantil e Ensino Fundamental Regular e modalidade EJA, o que é mais adequado?

Questões estas que levaram a coordenação, as equipes das 22 escolas que integravam o projeto - equipes das quais os pesquisadores de música faziam parte - a investigar, experimentar e criar jogos, atividades lúdicas e materiais didáticos para desenvolver conhecimento em *música* e *ensino de música*. Este processo teve como resultado produtos de diversas naturezas e diferentes mídias: materiais tridimensionais, CD, CD-ROM,...

O movimento da ação / reflexão / ação permeou o todo do processo que se iniciou em 2007 e teve continuidade ao longo de 2008. Elaboramos um instrumento de pesquisa que foi respondido pelos educadores das equipes das escolas. As palavras que colocamos no início desse Instrumento de Pesquisa Diagnóstica já traziam o que pretendíamos:

Caros/as educadores/as

Levando em conta as atividades musicais realizadas na escola através do projeto "Tocando, cantando... fazendo música com crianças", acreditamos que a equipe de cada escola será capaz de criar um material pedagógico musical que sirva de apoio para o seu próprio trabalho, bem como para os demais colegas.

Como há várias possibilidades de elaborar esse material, faremos um pequeno questionário, de modo a direcionar melhor nosso trabalho.

Coordenação e Equipe de Pesquisadores/as

A tabulação do instrumento de pesquisa, que também incluía categorização de questões abertas, foi fundamental para que se desvelassem necessidades e anseios dos educadores de cada escola. Foi a partir daí e das observações/conhecimentos adquiridos no decorrer do percurso desta pesquisa, que o imaginário e a criação tiveram espaço e tudo se concretizou.

A fundamentação da presente pesquisa encontra-se nos referenciais teóricos de Alarcão (1998, 2003), Akoschky (1996), Dewey (1974), Ferraz & Fusari (1992,1993), Franco (2005), Gainza (1996, 1999), Gardner (1994, 1995, 1996, 1997, 1999), Hernández (1998, 2000), Koellreutter (1984, 1990, 1994), Marin, (1996) Penteado (2001, 2002), Pimenta (2002), Quintaz (1992), Schön (1997, 2000), Snyders (1992).

Não era meta do projeto "Tocando, cantando,...fazendo música com crianças" produzir um livro. A intenção era pesquisar, criar e construir jogos e materiais didáticos para utilização nas escolas que integravam o projeto. No entanto, os vários caminhos trilhados nos levaram a pensar e trabalhar nesta publicação, que acreditamos vem em boa hora para o ensino de música em nosso país. Foi sancionada pelo Presidente da República a **LEI N. 11.769, de 18 de agosto de 2008**, que **Altera a Lei N. 9.394 de 20 de dezembro de 1996, Lei de Diretrizes e Bases da Educação, para dispor sobre a obrigatoriedade do ensino da música na educação básica.** Lei que foi recentemente alterada pela **Lei N. 12.287, de 13 de Julho de 2010,** em seu Art. 26 para:

Art. 26. Os currículos do ensino fundamental e médio devem ter uma base nacional comum, a ser complementada, em cada sistema de ensino e estabelecimento escolar, por uma parte diversificada, exigida pelas características regionais e locais da sociedade, da cultura, da economia e da clientela.

(...)

§ 2º O ensino da arte, <u>especialmente em suas expressões regionais</u> (grifo nosso), constituirá componente curricular obrigatório nos diversos níveis da educação básica, de forma a promover o desenvolvimento cultural dos alunos. (Redação dada pela Lei nº 12.287, de 2010)

Estamos, portanto, em mais uma etapa de continuidade e mudança no ensino de música nas escolas. Vivemos um momento propício para a necessária produção de conhecimentos nesta área, alentador de processos de formação inicial e contínua de educadores. É para esse tempo/ espaço que a presente publicação pretende contribuir.

Achando os sons

CCII Horácia de Lima Barbosa

1. Introdução

Nossa escola participa há cinco anos do projeto *Tocando, cantando,... fazendo música com crianças* e um dos objetivos desse projeto era a criação de materiais e jogos didáticos.

Um dos primeiros jogos criados foi um jogo da velha, porém não deu muito certo, pois não correspondia à faixa etária que trabalhávamos. Pensando nisso e levando em consideração que a audição, segundo vários autores e pesquisadores da área de educação musical infantil, é um dos fatores mais importantes para a musicalização, pensamos em um jogo que trabalhasse esse sentido, mas que abrangesse todas as faixas etárias das crianças em nossa escola.

Além disso, pensamos também que esse jogo poderia ser adaptado para as crianças maiores, afinal, queríamos que o jogo tivesse a cara da escola, mas que não fosse apenas utilizado pelas crianças de até 4 anos.

Brincando e aprendendo: um novo olhar sobre o ensino de música
Achando os sons
CCII Horácia de Lima Barbosa

2. Faixa etária indicada | 3. Número de jogadores | 4. Materiais que fazem parte do jogo | 5. Objetivos | 6. Conteúdos | 7. Como jogar

Dessa forma, criamos o jogo "Achando os sons" que foi fruto da pesquisa e dedicação de toda a equipe da escola e que, ao ser utilizado com nossas crianças, demonstrou apresentar um resultado muito bom.

2. Faixa etária indicada

5 meses a 4 anos

3. Número de jogadores

Ilimitado

4. Materiais que fazem parte do jogo

Caixa de papelão para guardar os três pares de ursinhos de feltro, com objetos sonoros dentro. Cada par com um som e uma cor característica.

5. Objetivos

- Estimular a audição das crianças.
- Desenvolver a percepção auditiva:
- Explorar a sonoridade de cada "ursinho", em relação aos parâmetros do som, timbre e altura.

6. Conteúdos

- Percepção sonora.
- Exploração sonora.
- Identificação de timbre e altura.

7. Como jogar

O jogo consiste em três pares de ursinhos feitos de feltro, nas cores rosa, amarelo e azul, com recheio de manta acrílica e bordados, contendo em cada par sons diferenciados. Dentro de cada par foram colocados os seguintes objetos: 1º

par - caixinhas de plástico (tic tac) com arroz; **2º par:** caixinha de plástico com três grãozinhos de feijão; **3º par:** três guizos grandes em cada um (neste par os guizos foram colocados sem caixinha).

O educador escolhe um urso e a criança tem que achar o par correspondente pelos aspectos visuais e sonoros:

Variações:

Para as crianças menores:

1) Possibilitar a exploração sonora pelo do manuseio do objeto.

A partir de 3 anos:

2) Identificar o timbre de cada dupla sonora de ursinhos e classificar o mais grave e o mais agudo (altura) ou vice-versa.

8. Fundamentação Teórica

Desde os primeiros meses de gestação, o bebê tem contato tanto com os sons de dentro do ventre da mãe, quanto com os sons externos. Além disso, no sexto mês de gestação a audição do bebê é tão madura que é comparada à de um adulto.

Ao nascer, sua relação com o mundo dos sons se amplia e além de ouvir, a criança reage aos estímulos musicais com movimentos e produção sonora. A criança se torna ouvinte ativo e dessa forma, consegue ouvir e distinguir diferentes sons.

Segundo o educador musical Willems (2001), a base para a musicalidade é ter um bom ouvido, pois, muitas vezes, a criança não consegue cantar pelo fato de não ter um ouvido treinado para a escuta dos sons.

Nosso objetivo com esse jogo é ajudar a estimular a audição das crianças, para que tenham um maior contato com os sons de forma prazerosa e viva, estimulando sua musicalidade.

Essa atividade pode ser feita com a faixa etária de zero a quatro anos. Com os menores de dois anos, esse jogo é desenvolvido em forma de exploração sonora, com o manuseio dos objetos sonoros:

> ... os instrumentos escolares podem ser utilizados para estimular a descoberta das qualidades distintivas do som e seu potencial expressivo (...) A interpretação promove uma oportunidade para traduzir em som um movimento do

braço ou do resto do corpo. Quando a criança experimenta com a dimensão e a energia do movimento, atende imediatamente à necessidade de novos impulsos à sua ação. (ARONOFF, 1974, p. 42).

Com os maiores de dois anos, podemos trabalhar com os parâmetros timbre e altura. O Timbre, segundo Willens (2001), é a qualidade do som mais aparente, a mais fácil de trabalhar com as crianças. A altura, ainda segundo o autor, é o elemento do som mais importante, pois nos possibilita diferentes melodias.

Willems (2001) fala de três aspectos do ensino auditivo:

> ... las concepciones filosóficas sobre las que se basa la enseñanza auditiva, enfocamos el problema de la audición bajo este mismo triple aspecto. Tendremos entonces:
> 1. La receptividad sensorial auditiva (sensación, memória fisiológica, mnemo).
> 2. La sensibolodad afectivo auditiva (necesidad, deseo, emoción, memória anímica, imaginación).
> 3. La percepción mental auditiva (comparación, juicio, memória intelectual, conciencia sonora e imaginación constructiva. (WILLEMS, 2001, p. 45)

Nessa atividade trabalhamos esses três aspectos, pois com ele a criança recebe o som, sente e processa mentalmente para identificar o par (de mesmo timbre) ou para classificar segundo a altura.

9. Para saber mais

Timbre – "É a característica que diferencia, ou "personaliza", cada som." (BRITO, 2003, p. 19)

Altura – "Um som pode ser grave ou agudo, dependendo da frequência de suas vibrações por segundo. Quanto menor for o número de vibrações, ou seja, quanto menor for a frequência da onda sonora, mais grave será o som, e vice-versa." (BRITO, 2003, p.19)

10. Referências

ARONOFF, F. W. **La música y el nino pequeno**. Buenos Aires: Ricordi, 1974.

BRITO, T. A. de. **Música na Educação Infantil: propostas para a formação integral da criança.** 2. ed. São Paulo: Peirópolis, 2003.

HARRE, J.S.; HORN, C.I.; POTHIN, J. **Atividades lúdicas para crianças na faixa etária de 0 a 10 anos: uma proposta com brinquedos de baixo custo.** Lajeado: Univates, 2003. p. 52-53.

MARTINS, M.F.; SWAN-LUDO, A.J. **A** importância do brincar – como brincam os bebês de 0 a 3 anos. In: **Professor Sassá: é arte em casa e na escola,** N.14, ano II. São Paulo: Editora Minuano, 2008, p. 33-37.

SOARES, C. V. da S. Música na creche: possibilidades de musicalização de bebês. **Revista da Abem**, nº 20. Porto Alegre: ABEM, 2008, p.79-88.

WILLEMS, Edgar. **El oído musical: la preparación auditiva del niño.** Buenos Aires: Paidós, 2001.

11. Autores

Diretora
Silvia Regina Mello - Diretora

Música / Pesquisadora Estagiária
Alessandra Maria Zanchetta

Professoras
Andrea Cristina Mendes G. Garcia
Ana Paula Onisaki do Céu
Vanderlice dos Anjos Paulino
Fernanda Aparecida C. dos Passos
Maria Veronica da S. Carvalho de Paula
Leda Tita Tanonaka

ADIs
Aline Gavazzi Feital
Amabis Cristiane de Souza Lessa
Elaine Avelina Souza de Oliveira
Jussimara Grandinetti Vital
Lucimar da Silva Rosa
Marcia dos Santos Vitoriano de Aguiar
Marcia Helena Nunes Pereira
Maria Emilia Lemes da Cunha
Nancy Rodrigues da S. Martins
Rosana Santana da Costa Rodrigues
Simone Gonçalves Pires
Nelciane Alves de Toledo Santos

A Foca

EM Prof. Adolfo Cardoso

1. Introdução

A elaboração deste material nasceu da necessidade de fazer com que as crianças pequenas aprendessem a letra da música *A Foca,* de Vinicius de Moraes e Toquinho, trabalhando com a reflexão e o conhecimento musical numa linguagem lúdica. Os cartazes têm comunicação bastante clara e a criança vivencia por meio deles as situações descritas na letra da música, podendo também reconhecer elementos musicais existentes, tornando-se uma ótima ferramenta para os professores.

No início, o material era utilizado com a intenção de que as crianças aprendessem a letra e entendessem o contexto estabelecido nela. Num segundo momento, tais situações nos trouxeram novas possibilidades: podíamos também utilizar esses cartazes para o desenvolvimento de outras questões relevantes para a musicalização, começando trabalhar os parâmetros do som, vivenciando situações de modo lúdico.

Brincando e aprendendo: um novo olhar sobre o ensino de música
A Foca
EM Prof. Adolfo Cardoso

2. Faixa etária | 3. Número de participantes | 4. Materiais que fazem parte do jogo

Adequamos as duas idéias vislumbrando um trabalho no qual as crianças, por meio do sonoro e do visual, soubessem a sequência da letra da música e também vivenciassem e começassem a entender as *propriedades do som, a forma musical*, caminhando para elaboração de *arranjos* e *registros gráficos sonoros*.

2. Faixa etária

A partir de 3 anos.

3. Número de participantes

25 alunos

4. Materiais que fazem parte do jogo

- CD A Arca de Noé
- A música A Foca - Vinicius de Moraes / Toquinho (Encarte do CD A Arca de Noé)
- Cartazes - Ilustração de Geraldo Monteiro Neto

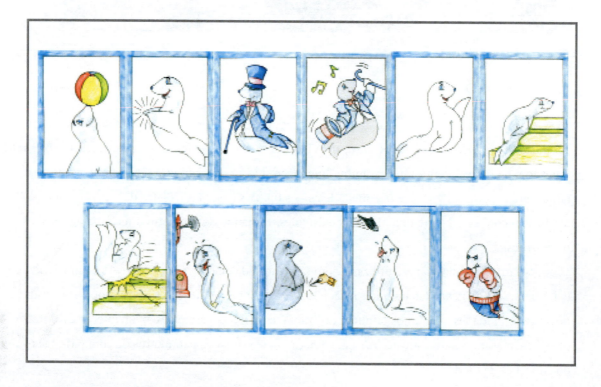

5. Objetivos

- Ampliar o repertório musical.

- Desenvolver a percepção musical, o ritmo e o pulso.

- Vivenciar situações em que a criança perceba a forma musical de A Foca levando à elaboração de arranjos simples.

- Conhecer os parâmetros do som (timbre, altura, intensidade, duração, densidade).

- Iniciar a elaboração de registros gráficos sonoros.

6. Conteúdos

- Música A Foca e seus compositores

- Percepção musical

- Vivência rítmica corporal

- Pulso, ritmo

- Parâmetros do som (timbre, altura, intensidade, duração, densidade)

- Forma/estrutura da música

- Registros gráficos de sons

7. Como utilizar

- Iniciar escutando a canção A Foca, com a utilização do CD A Arca de Noé.

- Conversar sobre o porquê da escolha da música A Foca. Relacionar, por exemplo, com o meio ambiente destacando os animais.

- Trabalhar a letra com o auxílio dos cartazes ilustrativos, criando formas de identificar a música num todo e em partes (forma musical).

- Comentar sobre as biografias dos autores dessa música, fazendo referência a essa obra musical.

- Trabalhar com a forma musical:

  - Por meio de gestos livres, brincando com o ritmo, o pulso, percebendo o caráter da canção.

Brincando e aprendendo: um novo olhar sobre o ensino de música
A Foca
EM Prof. Adolfo Cardoso

- Neste momento, ao brincar, destacaremos a estrutura da música, em que cada parte será associada a um movimento, explorando o corpo (palmas, andar, correr, parar, saltar, etc.). Poderão ser utilizados adereços, tais como: bexigas, dobradura de peixinhos (sardinhas), bolas.

- Fazer alguns questionamentos para as crianças tais como:

. Quantas partes têm essa música?

. Quais são?

. O que se canta em cada parte?

. Todas as partes são cantadas?

. Elas se repetem?

. Quais instrumentos musicais foram utilizados?

- Criar um arranjo musical. As crianças utilizarão instrumentos para que sejam tocados nas partes designadas por elas mesmas.

O arranjo é uma criação que depende muito da turma com que se está trabalhando. Com os menores, recomendamos os instrumentos de percussão mais simples, porém, nada impede que na construção do arranjo a turma goste do som de um instrumento melódico e mesmo em se tratando de crianças de 3 ou 4 anos, se for o caso, escolha uma ou duas notas musicais, retirando as outras e realize o arranjo. (Isso é possível fazer com os metalofones e xilofones Orff, por terem as barras removíveis).

A quantidade, variedade dos instrumentos musicais e a segurança do professor em utilizar os instrumentos também são fatores que influenciam na criação.

Variação: Notação sonora

- Desenhar livremente a partir da música que estão ouvindo.
- Fazer registros musicais não convencionais.
- "Desenhar os sons" registrando intuitivamente e espontaneamente os sons percebidos.

(Sons curtos, longos, em movimentos repetitivos, muito fortes, muito fracos, grave, agudo....).

- Com a utilização dos cartazes ilustrativos, reconhecer os sentimentos existentes na música.

- Apresentação de instrumentos que compõem o arranjo desta música (Utilizar os livros: Dicionário Visual de Música; A Orquestra Tintim por Tintim; Descobrindo a Música.)

8. Fundamentação Teórica

O trabalho com a música na Educação Infantil deve ser criteriosamente pensado, planejado e avaliado, levando em consideração o processo único e singular de cada ser humano. A educação musical não deve ser encarada como formação de musicistas do amanhã, mas sim de crianças plenas em seu desenvolvimento hoje. Para tanto, faz-se necessário compreender a música como processo contínuo de construção, envolvendo percepção, sentido, experimentação, imitação, criação e reflexão.

Segundo Brito (2003), o que importa prioritariamente é a criança, o sujeito da música. Sendo assim, devemos levar em consideração a necessidade de cada criança, adequando nosso trabalho a ela.

A música é a linguagem que se traduz em formas sonoras capazes de expressar e comunicar sensações, sentimentos e pensamentos, por meio da organização e relacionamento expressivo em som e silêncio, sendo assim um processo de construção envolvendo o perceber, o sentir, o emitir, o experimentar, o criar e o refletir.

Tendo a construção como ponto de partida, faz-se necessário saber que o ambiente sonoro deve ser priorizado, já que este processo para criança pequena é intuitivo. A exploração de materiais, a escuta de obras musicais, a vivência, a reflexão musical, ou seja, o fazer musical por si só, torna-se uma forma de comunicação e de expressão da criança, acontecendo por meio da improvisação, da composição e da interpretação provocada pelas situações cotidianas apresentadas pelo professor.

Em sintonia com o modo como bebês e crianças de até seis anos percebem e se expressam, a escuta musical também deve integrar-se a outras formas de expressão, como a dança, o movimento, o desenho, a representação... é preciso, no entanto, não deixar de lado a questão específica da escuta. Numa dança, por exemplo, as crianças poderão guiar-se pela forma - a estrutura que resulta na organização da composição, num trabalho que deve envolver a escuta propriamente dita, o diálogo com as crianças a respeito do que elas ouviram, identificaram, reconheceram. (p.189)

Desenhar pode envolver aspectos musicais objetivos e subjetivos, ou seja, é possível que as crianças desenhem os instrumentos cujo timbre identificarem, mas elas podem desenhar também suas impressões a respeito do que ouviram, o que sentiram ou imaginaram ao ouvir sua composição.

O material selecionado para escuta deve contemplar todos os gêneros e estilos musicais, de diferentes épocas e culturas, privilegiando, no entanto, a produção musical do nosso país, com cuidado especial de não limitar o contato das crianças ao repertório infantil. (p.190) (BRITO, 2003)

O brincar se faz presente e sendo uma essência na Educação Infantil, por isso é muito importante brincar, dançar e cantar com as crianças, levando em conta suas necessidades de contato corporal e vínculos afetivos, priorizando assim atitudes lúdicas de concentração e envolvimento sempre priorizando, dentro do processo educativo, as diferentes fases infantis, suas necessidades e maturação.

9. Para saber mais

Altura - O som pode ser grave (grosso) ou agudo (fino).

Intensidade - O som pode ser fraco ou forte.

Duração - O som pode ter uma duração longa ou curta.

Timbre - Qualidade de som que nos faz diferenciar uma fonte sonora de outra.

Densidade - Quantidade de sons que soam ao mesmo tempo.

Notação - "Sistema de registro gráfico sonoro. Para Koellreutter (1990), existem atualmente quatro sistemas de notação:

- Notação aproximada - utilizada na música contemporânea, grafa os signos sonoros de modo aproximado, sem se preocupar com a exata correspondência entre os símbolos e o som pretendido;

- Notação gráfica - utilizada na música contemporânea com o intuito de estimular, motivar e sugerir a decodificação dos signos musicais;

- Notação precisa - notação que objetiva atingir um grau máximo de precisão; notação tradicional;

- Notação – roteiro - utilizada na música contemporânea, somente delineia a sequência dos signos musicais". (BRITO, 2003, p. 203)

10. Referências

BRASIL. MINISTÉRIO DA EDUCAÇÃO. **Referencial Curricular Nacional para a Educação Infantil**. Brasília: MEC/SEF, 1998. (vol.3)

BRITO, Teca Alencar de. **Música na Educação Infantil: propostas para a formação integral da criança.** São Paulo: Peirópolis, 2003.

CUNHA, Susana Rangel Vieira da. (Org.) **Cor, Som e Movimento**. Porto Alegre: Mediação, 2006.

FERNANDES, Iveta M. B. A. (Coord. e Supervisão) **Cadernos Tocando e Cantando. N.1.** Mogi das Cruzes: Prefeitura Municipal de Mogi das Cruzes, Secretaria Municipal de Educação de Mogi das Cruzes, 2007. 98 p.

HENTSCHKE, Liane; KRUGER, Suzana Ester; DEL BEN, Luciana ; CUNHA, Elisa da Silva. **A orquestra Tintim por Tintim.** São Paulo: Moderna, 2005. Inclui 1CD.

KRIEGER, Elisabeth. **Descobrindo a Música**. Porto Alegre: Sulina, 2005.

KOELLREUTTER, H. J. **Terminologia de uma nova estética da música**. Porto Alegre: Movimento, 1990.

MORAES, Vinicius de. **A Arca de Noé**. São Paulo: Gravadora Philips, 1996. 1 CD

SALLES, Pedro Paulo. **Gênese da Notação Musical na Criança**. São Paulo: FEUSP, 1996. (Dissertação de Mestrado)

SCHULZE, Guilherme Barbosa. **Da quietude criativa a ação: a busca pela unidade entre criação e expressão em dança.** Disponível em www.unicamp.br/unicamp/unicamp_hoje/jornal Acesso em 10/08/2007.

STURROCK, Susan. **Dicionário Visual de Música**. São Paulo: Global, 2006.

Brincando e aprendendo: um novo olhar sobre o ensino de música
A Foca
EM Prof. Adolfo Cardoso
11. Autores

11 - Autores

Diretora
Silvana Silva Maciel

Monitor de música
Geraldo Monteiro Neto

Música / Pesquisador estagiário
Daniel Granado

Professoras
Adriana Viza Sedano Lorca
Cristiane de Oliveira Rios Barbosa
Jussara Maria Rafael Lavra
Luciana Rosa Fernandes Abib
Michele Aparecida de Oliveira

Amarelinha Musical

EM Profa Guiomar Pinheiro Franco

1. Introdução

"Amarelinha Musical" surgiu da necessidade de um material didático que facilitasse o trabalho com xilofones e metalofones por parte das professoras de 1ª à 4ª série da Escola Municipal Profa Guiomar Pinheiro Franco. A concepção do jogo surgiu em uma ROTE (Reunião de Organização do Trabalho Escolar) de música, na qual experimentávamos um arranjo para xilofones e metalofones da música *Balafom* (música tradicional africana). Pensando em uma forma de as crianças vivenciarem corporalmente a música antes de tocar, resolvemos desenhar os nomes das notas musicais no chão da escola com fita crepe para que as crianças pulassem em cima delas no ritmo da música enquanto cantavam.

Percebemos que essa atividade ajudou muito a execução do arranjo na sequência da aula, facilitando a localização das notas à direita e à esquerda e a memorização da escala musical ascendente e descendente. Além disso, aproximou nosso material didático do xilofone, porque assim como podemos retirar as placas do instrumento, podemos deixar apenas algumas peças (correspondentes às notas musicais) no quebra cabeça.

Por outro lado, as partituras e as faixas de *playbacks* no CD vieram facilitar a formação contínua das professoras e oferecer a possibilidade de utilização em sala de aula. As partituras são de músicas folclóricas com a letra da música e os nomes das notas. O fato de o nome da nota aparecer

Brincando e aprendendo: um novo olhar sobre o ensino de música
Amarelinha Musical
EM Profa Guiomar Pinheiro Franco

2. Faixa etária | 3. Número de participantes | 4. Materiais que fazem parte do jogo | 5. Objetivos

embaixo de cada sílaba correspondente, possibilita às professoras que não sabem ler música utilizar esse material facilmente. Para isso, basta que elas ouçam o trecho no CD e cantem com nome de cada nota, para as crianças brincarem e descobrirem onde as notas estão. Essa prática estimula a leitura musical das professoras, enquanto elas têm que observar o desenho ascendente e descendente da melodia para saber qual a nota seguinte.

Esse material pode ser usado desde a Educação Infantil até o Ensino Fundamental I. Além de ser usado para ensinar as melodias das músicas, o quebra-cabeça pode ser usado como apoio para qualquer outro material desse tipo, inclusive para ensinar acompanhamentos de canções.

2. Faixa etária indicada

A partir de 5 anos.

3. Número de jogadores

Até 4 jogadores por rodada saltando sobre as notas musicais e as demais crianças cantando.

4. Materiais que fazem parte do jogo

- 13 placas de EVA[1] encaixáveis, com os nomes das seguintes notas musicais: do, ré, mi, fa, sol, lá, si, do, ré, mi, fa, sol, lá.
- 10 músicas folclóricas em áudio no CD, com duas versões para cada música: uma rápida e uma lenta.
- 10 partituras das músicas que vêm no CD, com nome das notas para as professoras cantarem.
- 1 caixa para guardar o jogo.

5. Objetivos

- Conhecer um repertório de músicas folclóricas e brincadeiras de roda.
- Memorizar as notas musicais e a escala de Dó Maior, ascendente e descendente.
- Vivenciar o ritmo das músicas propostas, por meio do movimento.

---

1 EVA (Etil Vinil Acetato) é uma borracha não tóxica que é utilizada em diversas atividades artesanais.

Brincando e aprendendo: um novo olhar sobre o ensino de música
Amarelinha Musical
EM Profa Guiomar Pinheiro Franco
6. Conteúdos | 7. Modo de jogar

- Executar o repertório sugerido em instrumentos melódicos como os xilofones e metalofones.
- Iniciar a leitura musical (para as professoras).

6. Conteúdos

- Canto em uníssono.
- Prática instrumental em instrumentos melódicos como os xilofones e metalofones.
- Memorização das notas da escala ascendente e descendente.
- Iniciação à leitura musical.

7. Modo de jogar

1º - CD

Ouvir o *playback* da música que traz a melodia em andamento lento e cantar a música com as crianças.

2º - Música

Neste material, o nome da nota vem embaixo da sílaba correspondente à letra da música. Cantar para as crianças substituindo a letra da música pelos nomes das notas e depois pedir para elas cantarem junto.

Serra, Serra
Música popular tradicional brasileira

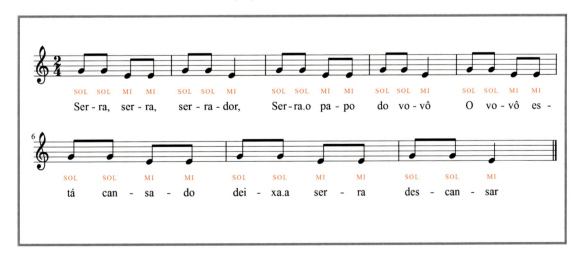

Brincando e aprendendo: um novo olhar sobre o ensino de música
Amarelinha Musical
EM Profa Guiomar Pinheiro Franco

3º - Tapete

(Obs: o tapete tem em sua extensão as notas musicais dó, ré, mi, fá, sol, lá, si, dó, ré, mi, fá, sol e lá).

Após a memorização da melodia com os nomes das notas musicais, pedir que uma criança pule em cima do tapete com os nomes das notas que estão sendo cantadas pelas outras crianças no ritmo do *playback*, em andamento lento. Conforme a brincadeira for se tornando fácil, pode-se acelerar o andamento para a velocidade que achar mais conveniente. Neste jogo indica-se que os saltos sejam de no máximo três casas, para que a criança consiga pular e para a integridade do material. Caso o salto seja difícil, recomenda-se caminhar de uma nota a outra ao invés de pular.

Variação:

Uma alternativa interessante, por envolver mais crianças por vez, é dividir a melodia em partes para cada criança executar uma. Essa é uma boa ideia para se trabalhar forma e frases musicais. Abaixo, exemplo de como dividir a música e quantas crianças podem brincar por vez com as cores e os números.

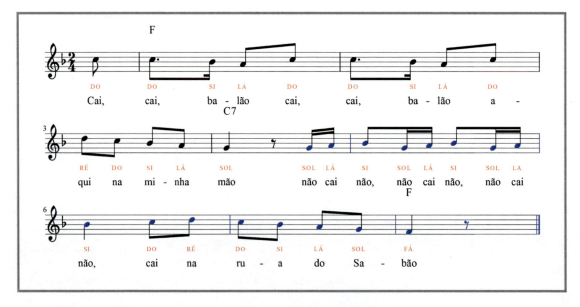

Observação: Na parte em azul, outra criança entra no jogo. Para tocar esta música no xilofone é preciso trocar as teclas Si por Sib (bemol).

Brincando e aprendendo: um novo olhar sobre o ensino de música
Amarelinha Musical
EM Profa Guiomar Pinheiro Franco

4º - Partituras:

Ciranda Cirandinha
Jogo para 4 pessoas

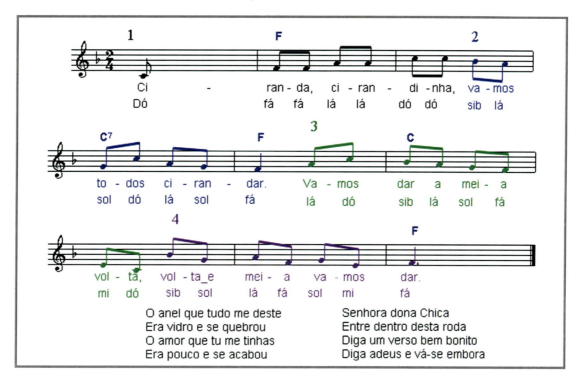

O anel que tudo me deste
Era vidro e se quebrou
O amor que tu me tinhas
Era pouco e se acabou

Senhora dona Chica
Entre dentro desta roda
Diga um verso bem bonito
Diga adeus e vá-se embora

Observação: indicamos jogar em 4 crianças por causa dos saltos de difícil execução e para incentivar a dinâmica do grupo. Para tocar a música nos xilofones, lembrar de trocar toda nota Si por Sib (bemol)

Marcha Soldado
Música popular tradicional brasileira

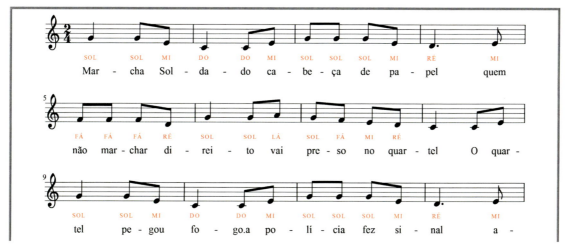

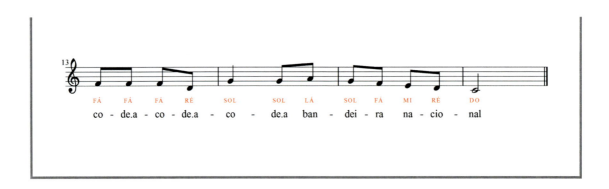

8. Fundamentação Teórica

Para a elaboração do jogo "Amarelinha Musical", apoiamo-nos nos ensinamentos de dois educadores musicais: Carl Orff (1895-1982) e Émile Jaques-Dalcroze (1865-1950), que tinham em comum a ideia de que a música deveria ser aprendida pela prática e vivência corporal. Eles perceberam que conceitos teórico-musicais com melodia, fraseado, forma e ritmo seriam melhor compreendidos quando percebidos através de movimentos.

> Ao utilizar o corpo para sensibilizar o aluno a apreender conceitos teórico-musicais, eles intuíram a relação estreita existente entre a ação corporal e o desenvolvimento de estruturas cognitivas e, mais ainda, o quanto de emocional estava agregado ao movimento corporal. (LIMA & RÜGER, 2007, p. 100).

Este jogo, como já foi dito na introdução, foi criado a partir de experiências em sala de aula, nas quais percebemos que as crianças tinham mais facilidade em aprender a tocar as melodias nos xilofones e metalofones, se pulassem primeiramente em cima do nome das notas, vivenciando o ritmo e memorizando a disposição das notas. Segundo Orff, a vivência corporal deve preceder a execução instrumental, como sintetiza a frase seguinte: A descoberta de um instrumento para o músico pode ser comparada à descoberta do corpo para uma criança. (PEDERIVA, 2005, p. 26).

Ao pular nas respectivas notas da melodia, a criança vivencia corporalmente o ritmo da música, elemento musical mais naturalmente atrelado ao corpo e ao movimento, enquanto canta e percebe a ordem das notas da escala musical, desenvolvendo assim sua memória e lateralidade.

Uma vez formada a consciência rítmica, graças à experiência dos movimentos, vemos que se produz constantemente uma influência recíproca entre o ato rítmico e a representação:

> [...] A representação do ritmo, imagem refletida do ato rítmico, vive em todos os nossos músculos. Inversamente, o movimento rítmico é a manifestação visível da consciência rítmica. (BACHMANN, 1998, p.25-26 apud LIMA, RÜGER, 2007, p. 102).

Segundo Dalcroze, a dificuldade que as pessoas apresentam em perceber e executar ritmos é na realidade uma deficiência de ordem motora, uma deficiência na comunicação entre a percepção dos estímulos e a resposta do corpo a eles. Dalcroze classifica os problemas de arritmia em três categorias:

> A primeira é a incapacidade cerebral de dar ordens rápidas aos músculos encarregados de executar o movimento, a segunda é a incapacidade do sistema nervoso para transmitir as ordens fiel e tranquilamente, sem errar a direção, e a terceira, fala da incapacidade dos músculos para executar os movimentos. (BACHMANN, 1998, p. 75 apud LIMA, RÜGER, 2007, p. 103).

Além de desenvolver o senso rítmico e melódico das crianças, este jogo privilegia o trabalho com canções folclóricas ao trazer uma coletânea de partituras que foram feitas para serem usadas por não músicos. Escolhemos colocar este repertório porque nos dias atuais os meios de comunicação em geral não nos trazem um bom repertório musical, deixando a cargo da escola a grande responsabilidade de educar musicalmente as crianças. Segundo Veríssimo de Melo, autor do livro *Folclore Infantil*, fora da escola a maioria das crianças não têm acesso a uma educação musical.

> Devemos dar a nossos alunos dentro da escola o que eles com certeza não encontrarão fora dela. O mundo mágico da criança é a irrealidade. É justamente esse mundo, esse universo próprio, que lhe está sendo roubado, em benefício de uma realidade criada para a deformação da sua inteligência e do seu caráter. (MELO, 1965, p.18)

9. Para saber mais

Uníssono: cantar em uníssono significa cantar a mesma melodia, diferente de cantar em duas ou mais vozes, em que cada pessoa ou grupo de pessoas canta uma melodia distinta ao mesmo tempo, resultando em uma harmonia.

Escala: do latim *escada*, significa a sucessão das notas em sua ordem de altura. No sentido da nota mais grave para a nota mais aguda, chamamos essa escala de ascendente. Ex: escala de do maior ascendente: dó, ré, mi, fá, sol, lá, si. No sentido contrário, da nota mais aguda para a nota mais grave, temos uma escala descendente: si, lá, sol, fá, mi, ré, dó.

10. Referências

ALMEIDA, Theodora Maria Mendes de. **Quem Canta Seus Males Espanta**. São Paulo: Caramelo, 1998. Inclui 1CD.

ALMEIDA, Theodora Maria Mendes de. **Quem Canta Seus Males Espanta 2**. São Paulo: Caramelo, 2000. Inclui 1CD.

BEINEKE, Viviane; FREITAS, Sérgio Paulo Ribeiro de. **Lenga La Lenga – Jogos de Mãos e Copos**. São Paulo: Ciranda Cultural, 2006. Acompanha 1CD e 1 CD-ROM.

BRITO, Teca Alencar de. **Música na Educação Infantil: Propostas para a formação integral da criança**. São Paulo: Peirópolis, 2003.

FERNANDES, Iveta M. B. A. (Coord. e Supervisão) **Cadernos Tocando e Cantando. N.1.** Mogi das Cruzes: Prefeitura Municipal de Mogi das Cruzes, Secretaria Municipal de Educação de Mogi das Cruzes, 2007. 98 p.

GOVERNO DO ESTADO DE MINAS GERAIS. **Projeto Música na Escola: Livro de Jogos.** Belo Horizonte: Secretaria de Estado da Educação de Minas Gerais, s/d.

GOVERNO DO ESTADO DE MINAS GERAIS. **Projeto Música na Escola: Livro de Canções.** Belo Horizonte: Secretaria de Estado da Educação de Minas Gerais, s/d.

LIMA, Sonia Albano de & RÜGER, Alexandre Cintra Leite. O trabalho corporal nos processos de sensibilização musical. **Revista Opus.** Vol. 13, N° 1. Goiânia: ANPPOM, 2007.

MACHADO, Ana Maria. **O Tesouro das Cantigas para Crianças**. Rio de Janeiro: Nova Fronteira, 2001. Acompanha 1 CD.

MACHADO, Ana Maria. **O Tesouro das Cantigas para Crianças 2**. Rio de Janeiro: Nova Fronteira, 2002. Acompanha 1 CD.

MELO, Veríssimo de. **Folclore Infantil**. Belo Horizonte: Itatiaia, 1965.

NOVAES, Iris Costa. **Brincando de Roda**. Rio de Janeiro: Agir, 1983.

PEDERIVA, Patrícia Lima Martins. **O corpo no processo ensino-aprendizagem de instrumentos musicais: percepção de professores.** Brasília: Universidade Católica de Brasília, 2005.

11. Autores

Diretora:
Márcia Cardoso do Nascimento Ferreira

Vice Diretora:
Mirian Raissiman Moreira Passos

Brincando e aprendendo: um novo olhar sobre o ensino de música
Amarelinha Musical
EM Profa Guiomar Pinheiro Franco

Coordenadora:
Marta Rosani Costa Ramos Lima

Música / Pesquisadores Estagiários:
Elaine Cristina Raimundo
Everton David Gonçalves

Colaboradora:
Cristina Hosogai

Professoras
Ana Maria Colombara
Ana Paula Rocha
Adriana Suzuki.
Débora Teixeira
Débora Teixeira
Lílian Oliveira
Márcia Cândida
Marlene Martins
Roberta Soares
Simone Pedracone
Sônia Aparecida Pinto

A música nas múltiplas inteligências

EM Verª. Astréa Barral Nébias
EM Prof. Cid Torquato

1. Introdução

A ideia deste material didático surgiu da dificuldade de se encontrar materiais que trabalhassem com as inteligências múltiplas de Howard Gardner. Inspirados nas ideias de Beatriz Ilari, unimos essas inteligências a atividades musicais para que pudéssemos trabalhar a linguagem musical por meio de várias inteligências.

É importante que os alunos tenham um material divertido para auxiliar na construção de seus conhecimentos, assim como os professores devem ter um material que os apóie em suas atividades. Então, deve-se pensar um material que auxilie tanto o professor como os alunos e que seja de fácil manuseio para ambos.

Esse jogo busca desenvolver a linguagem musical e traz como diferencial o fato de poder trabalhar com esta linguagem por meio de várias inteligências pesquisadas por Howard Gardner.

Isso faz com que o jogo fique mais interessante para os alunos, atingindo a todos, já que cada um pode usar a inteligência na qual possui mais habilidade, para desenvolver as atividades musicais.

Por isso, o jogo não é apenas divertido, mas muito rico em formas de se trabalhar música, alcançando as facilidades e dificuldades de cada aluno e auxiliando o professor no processo avaliatório.

2. Faixa etária indicada

09 a 16 anos

3. Número de jogadores

Mínimo: 08 alunos
Máximo: 20 alunos

4. Objetivos

Desenvolver atividades musicais de modo divertido, por meio de um jogo.

Trabalhar com as oito inteligências explicitadas por Gardner: espacial, linguística, cinestésica-corporal, interpessoal, intrapessoal, naturalista e lógico-matemática, sempre em conjunto com a inteligência musical.

5. Conteúdos

- Criação musical
- Interpretação musical
- Percepção musical
- Apreciação musical
- Coordenação motora
- Ampliação do repertório
- Desenvolvimento das inteligências múltiplas (Gardner)

Brincando e aprendendo: um novo olhar sobre o ensino de música
A música nas múltiplas inteligências
EM Verª. Astréa Barral Nébias | EM Prof. Cid Torquato
6. Materiais que fazem parte do jogo

6. Materiais que fazem parte do jogo

1 tabuleiro

2 dados

8 peões

15 cartões verdes (pergunta e resposta)

15 cartões laranja (sorte ou revés)

42 cartas com atividades (sendo seis cartas para cada inteligência).

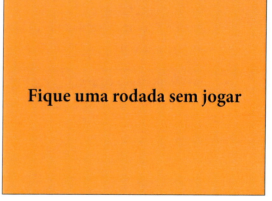

Cartões Verdes (Perguntas e Respostas)   *Cartões Laranja (Sorte ou Revés)*

PERGUNTAS E RESPOSTAS:

- Qual instrumento tem barras de madeira: o xilofone ou o metalofone?
    R: Xilofone
- Qual desses compositores não é brasileiro:
    Tom Jobim
    Dorival Caimmy
    Radamés Gnatalli
    Astor Piazzolla
        R: Astor Piazzola (argentino)
- Quantas cordas têm o violão?
    R: Mais comumente seis cordas.
- Você sabe o nome de algum instrumento de percussão? Diga-o.
    R: atabaque, tambor, pandeiro, triângulo, chocalhos, castanhola, etc.

Brincando e aprendendo: um novo olhar sobre o ensino de música

A música nas múltiplas inteligências

EM Verª. Astréa Barral Nébias | EM Prof. Cid Torquato

- O violino faz parte da família das cordas, das madeiras ou dos metais?

    R: *família das cordas*

- A tuba faz parte da família das cordas, das madeiras ou dos metais?

    R: *família dos metais*

- Diga o nome de quatro instrumentos que fazem parte da orquestra:

    R: *violino, violoncelo, flauta, oboé, viola, clarinete, trompa etc.*

- "Dois violinos, uma viola e um..." Qual instrumento está faltando para formar um quarteto de cordas?

    R: *violoncelo*

- Quem é o compositor da música O trenzinho do caipira (Bachianas brasileiras Nº2)?

    R: *Heitor Villa-Lobos*

- Qual compositor escreveu nove sinfonias, sendo que quando escreveu a última sinfonia já estava completamente surdo?

    R: *Beethoven*

- Como se chama o instrumento de corda usado na capoeira?

    R: *Berimbau*

- Quando aumento o volume do rádio, o som fica mais alto ou mais forte?

    R: *mais forte*

- Diga três sons encontrados na natureza que sejam curtos (podendo ser também sons de animais):

    R: *som do grilo, gota de água, galope do cavalo, etc.*

- Diga três sons longos que você ouve na sua casa:

    R: *Sons: da panela de pressão, da máquina de lavar, do chuveiro ligado, etc.*

- Como se chama o instrumento de metal muito usado no baião?

    Quadrado

    Retângulo

    Triângulo

    Círculo

    R: *Triângulo*

- Diga o nome de um instrumento que possa imitar o som da água:

    R: Pau de chuva, tambor do mar e chapéu de Napoleão são alguns deles.

Brincando e aprendendo: um novo olhar sobre o ensino de música
A música nas múltiplas inteligências
EM Verª. Astréa Barral Nébias | EM Prof. Cid Torquato

SORTE OU REVÉS

- Ande duas casas.
- Ande três casas.
- Volte três casas.
- Fique uma rodada sem jogar.
- Fique duas rodadas sem jogar.
- Jogue de novo.
- Pule a vez do próximo.
- Avance quatro casas.
- Volte quatro casas.
- Jogue o dado e volte o número de casas que cair no dado.
- Volte ao lugar que estava antes desta rodada.
- Volte uma casa.
- Ande uma casa.

CARTAS COM ATIVIDADES

Espacial

- Enquanto o jogador anterior a você faz movimentos pela sala, você improvisa alguma melodia ao metalofone conforme os movimentos dele. Exemplo: se ele andar rápido você deve tocar rápido, se ele pular pela sala você deve tocar como se estivesse pulando, etc.
- Ouça um som que esteja distante, descubra de onde vem e tente imitá-lo.
- Imite o som de um carro que está muito longe, vem chegando perto, passa por você e segue para longe.
- Ouça um som que esteja próximo e tente imitar este som como se estivesse distante.
- Enquanto outro jogador da sua equipe improvisa alguma melodia no metalofone, você deve andar pela sala conforme o som. Exemplo: Caso ele toque rápido, você deve andar rápido. Quando ele tocar lento, você anda lento; se tocar e parar, você anda e para, etc.
- Imagine que você é uma cobra e está se movendo pela floresta, quando encontra uma presa. Neste momento, você para e começa a se mover bem lentamente para que a presa

Brincando e aprendendo: um novo olhar sobre o ensino de música
A música nas múltiplas inteligências
EM Verª. Astréa Barral Nébias | EM Prof. Cid Torquato

não o perceba, você chega bem perto e dá o bote. Agora crie o som desta história usando o caxixi.

Interpessoal

- Escreva o nome de todos que estão jogando em pequenos papéis, dobre-os e deixe que cada um escolha um (sem ver o que está escrito), cada um deve fazer uma música que fale como é a pessoa que ele tirou, enquanto os outros tentam adivinhar quem ele tirou.

- Escolha um amigo e invente uma música que fale de como ele é.

- Invente uma pequena música que fale de alguém muito especial para você.

- Você conhece a música *Samba lelê*? Cante com o grupo essa música e escolha algum amigo(a) para dançar com você no meio da roda quando chegar o refrão.

- Escolha um amigo e brinque de jogo de mão com ele.

- Escolha três pessoas, comece a tocar uma música no xilofone (ou metalofone) e peça a eles que continuem a música que você inventou; depois de os três tocarem, você volta a tocar para acabar a música.

Intrapessoal

- Qual seu maior sonho? Escolha algum instrumento e tente tocar como se você estivesse realizando este sonho. Depois conte a seus amigos qual era o sonho.

- O que te deixa triste? Escolha um instrumento e tente tocar pensando em algo que te deixe triste. Depois conte a seus amigos o que te deixa triste.

- Imagine como você vai ser quando for mais velho. Invente uma música falando como você poderia ser.

- O que te deixa feliz? Escolha um instrumento e tente tocar pensando em algo que te deixe muito feliz. Depois conte a seus amigos o que te deixa feliz.

- Escolha um sentimento (amor, tristeza, alegria, ansiedade...) e cante uma música que fale deste sentimento.

- Como você está hoje? Escolha um instrumento e toque como se você estivesse tentando mostrar a seus amigos como você se sente hoje. Conte a eles como você se sente.

Linguística

- Escolha uma história, faça a sonorização e conte-a aos outros jogadores.

- Ouça os sons que estão acontecendo à sua volta e invente uma história com eles.

Brincando e aprendendo: um novo olhar sobre o ensino de música
A música nas múltiplas inteligências
EM Verª. Astréa Barral Nébias | EM Prof. Cid Torquato

- Continue esta parlenda: *"Hoje é domingo, pé de cachimbo, cachimbo é de ouro, bate no touro, o touro é valente, bate na gente, a gente é fraco, cai no buraco, o buraco é fundo, acabou-se o mundo".*

- Complete a quadra com rima no final e crie uma melodia para ela, Cante-a para seus amigos.

  > *Meu nome é...*
  > *E agora eu vou contar*
  > *Eu sou de.....*
  > *E gosto de......*

- Imagine uma cena que acontece no meio do trânsito e tente contá-la aos outros jogadores através dos sons, mas sem usar palavras.

- Continue esta parlenda: *"A casinha da vovó, cercadinha de cipó, o café...",* *"... tá demorando, com certeza falta pó".*

Lógico-Matemática

- Chame seus amigos para brincar de *Escravos de Jó*. Na primeira vez, todos cantam; na segunda, apenas assobiam e, na terceira vez, apenas imaginem a música, ou seja, acompanham mentalmente.

- Crie uma sequência rítmica com palmas e pausas.

- Crie um ritmo usando o número de sílabas que tem em seu nome.

- Escolha uma música, cante uma palavra e fique uma sem cantar, por exemplo: *Caranguejo... é... caranguejo..... é ..... só ... peixe ... enchente.... maré.*

- Você já brincou de rádio? Agora você é o rádio. Escolha uma música para cantar. Peça a um amigo que toque o agogô de aço para desligar o rádio e outro amigo que toque o bloco de madeira para ligar. Quando desligar você para de cantar, mas continua pensando na música. Quando ligar de volta, você continua de onde está.

- Bata uma palma para cada sílaba do seu nome. Na sílaba mais forte, bata o pé.

Naturalista

- Enquanto você ouve o trecho referente ao *Aquário* da música *O Carnaval dos animais,* de Camille Saint-Saëns, faça movimentos como se estivesse andando no fundo do mar.

Brincando e aprendendo: um novo olhar sobre o ensino de música
A música nas múltiplas inteligências
EM Verª. Astréa Barral Nébias | EM Prof. Cid Torquato

- Construa com sons do corpo a paisagem sonora de uma floresta.

- Imite o som de uma brisa leve.

- Imite o som de uma chuva que começa fraco, fica forte e diminui novamente até acabar.

- Ouça o quarto movimento da *Sinfonia Pastoral* de Beethoven e diga a qual fenômeno da natureza ele se refere.

- Ouça a *Primavera*, da música *As Quatro Estações* de Vivaldi e diga onde entram os passarinhos imitados pelo violino.

Cinestésica Corporal

- Descubra um som em seu corpo e faça um ritmo qualquer com esse som.

- Ouça a *Dança Húngara em Sol Maior*, de Brahms e caminhe no pulso, percorrendo o espaço.

- Alguém do seu grupo vai escolher um instrumento musical. Enquanto você permanece de olhos vendados, ele colocará o instrumento na sua mão. Descubra qual o nome desse instrumento.

- Uma pessoa da sua equipe vai escolher uma música. Tente adivinhar através de mímica a música que ele escolheu.

- Brinque de vivo ou morto, ficando vivo quando o jogador anterior a você tocar o maracá e ficando morto quando ele tocar o ganzá.

- Ouça a primeira dança da Suíte *O lago dos Cisnes* de Tchaikovsky e faça movimentos livres de acordo com ela.

Atividades propostas no jogo:

Para as atividades musicais recomendamos que tenham em mãos as obras:

Danças Húngaras - Brahms

O lago dos cisnes - Tchaikovsky

O Carnaval dos Animais - Saint-Saëns

Sinfonia Nº6 (Pastoral) - Beethoven

As Quatro Estações - Vivaldi

Brincando e aprendendo: um novo olhar sobre o ensino de música
A música nas múltiplas inteligências
EM Verª. Astréa Barral Nébias | EM Prof. Cid Torquato

7. Como jogar

Para as brincadeiras e músicas de tradição popular aconselhamos procurar:

- os CDs:

Abra a Roda Tin do Lê Lê - Lydia Hortélio

Cantigas de Roda – Palavra Cantada

Pandalelê, brinquedos cantados – Palavra Cantada

- o livro:

Folclore Infantil - Veríssimo de Melo

7. Como jogar

Inicio

Os alunos se dividem em grupos, sendo cada grupo representado por um pião.

Podem ser usados os dois dados ou apenas um. (Com dois dados o jogo termina mais rápido).

Obstáculos

a) Responda à pergunta:

Quando o pião cair na casa que tiver um *triângulo verde*, significa que a equipe deverá responder a uma pergunta que deverá ser feita pelo professor responsável (ou alguém de outra equipe), que pegará um cartão de perguntas (cartão verde) onde já estão a pergunta e a resposta.

Se a equipe não souber responder, ela volta onde estava no início da rodada.

b) Sorte ou Revés:

Quando o pião cair na casa que tiver um quadrado azul, significa que ela terá que tirar um cartão de sorte ou revés (o cartão laranja) e seguir suas instruções.

c) Roleta:

Quando o pião cair na casa onde tiver um círculo amarelo, significa que ele terá

Brincando e aprendendo: um novo olhar sobre o ensino de música
A música nas múltiplas inteligências
EM Verª. Astréa Barral Nébias | EM Prof. Cid Torquato
8. Fundamentação Teórica

que fazer alguma atividade musical ligada a alguma inteligência. Para isso, ele deve rodar a roleta e pegar um cartão referente à cor que cair, sendo:

- Azul – inteligência espacial
- Verde – inteligência naturalista
- Laranja – inteligência cinestésica corporal
- Vermelha – inteligência intrapessoal
- Roxa – inteligência interpessoal
- Marrom – inteligência lógico-matemática
- Amarela – inteligência linguística

Fim do jogo

O jogo termina quando a primeira equipe chegar ao final do caminho no tabuleiro. Nesse momento, ela deve rodar a roleta e realizar a última atividade musical para ganhar o jogo.

8. Fundamentação Teórica

Quando falamos de música e de aprendizado musical não é raro encontrarmos pessoas que acreditam em música como um "*dom*", como algo que uma pessoa ganha ao nascer ou não. Esta ideia exclui a maior parte da população de aprender música, sugerindo que apenas podem fazer música quem tem talento para tal. Em nosso entendimento, música não é um dom, mas sim uma linguagem acessível a todos.

> O trabalho com música deve considerar, portanto, que ela é um meio de expressão e forma de conhecimento acessível aos bebês e crianças, inclusive aquelas que apresentem necessidades especiais. (BRASIL, 1998, p. 49).

Por isso, a música não depende de ter talento. Algumas pessoas têm mais dificuldades e outras menos quando precisam expressar-se musicalmente, mas isso não significa que uma tenha talento e a outra não, todas podem desenvolver a linguagem musical.

Essas dificuldades são inerentes ao ser humano. Cada um possui dificuldades em algumas áreas e facilidades em outras, mas todos podem trabalhar para que diminuam suas dificuldades, ao contrário do talento que se tem ou não. Assim, é fundamental que compreendamos que uma dificuldade com o desenvolvimento musical não se deve a uma falta de talento e, por isso, pode ser trabalhada.

Em 1983, Howard Gardner criou uma teoria chamada de "Teoria das Inteligências Múltiplas", na qual ele "sugeriu que a inteligência não é unitária, mas, sim, compartimentada por competências específicas" (ILLARI, 2003, p.12), ou seja, Gardner notou que o cérebro possui áreas distintas de cognição específicas para um tipo de competência e processamento de informações (ILLARI, 2003).

Dessa forma, cada pessoa tem mais facilidade com determinadas áreas e assim, tendência a usá-la mais. No entanto, é importante que todas essas áreas sejam trabalhadas e quando alguma apresenta mais dificuldade para o aluno é possível usar outra área para auxiliá-lo.

Pensando desta forma, seria muito rico para o professor e seus alunos que pudessem desenvolver sua musicalidade por meio das outras inteligências, fazendo assim um elo entre a inteligência musical e das outras áreas.

Illari (2003) nos mostra algumas opções para estimular determinadas áreas de inteligência por meio de atividades musicais; é possível, por exemplo, trabalhar a inteligência espacial explorando o espaço do entorno enquanto trabalhamos um fraseado musical, ou trabalhar a inteligência verbal/linguística por meio de um jogo de improvisação musical com quadras e rimas.

Podemos, assim, auxiliar no desenvolvimento integral do aluno, independente de suas dificuldades ou facilidades, pois se torna possível que cada aluno encontre um equilíbrio e um caminho para diminuir suas dificuldades.

9. Para saber mais

- **Naipes:** Os instrumentos de orquestra são divididos em naipes, ou seja, conjuntos de instrumentos com material, mecânica, ou técnica similar. Esses grupos de instrumentos são chamados também de famílias.

- **Família das cordas:** A família das cordas é formada por instrumentos geralmente de madeira onde o som é feito por meio da vibração de cordas friccionadas ou pulsadas. Na orquestra, a família das madeiras é formada pelo violino, viola, violoncelo e contra-baixo.

- **Família dos metais:** A família dos metais são instrumentos de sopro feitos de metais. É formada pela tuba, trombone, trompete e trompa.

- **Família das madeiras:** A família das madeiras são instrumentos também de sopro, mas feitos de madeira, com exceção da flauta transversal, que pertence a esta família porque antigamente era feita de madeira.

- **Família da percussão:** A família da percussão são instrumentos nos quais é necessário percutir alguma parte do instrumento para criar o som, por exemplo: tambores, xilofones, metalofones, chocalhos, tímpanos etc.

10. Referências

ILLARI, Beatriz. A música e o cérebro: algumas implicações do neurodesenvolvimento para a educação musical. **Revista da ABEM,** n. 9. Porto Alegre: ABEM, 2003. p.7-16.

GARCIA, Rose M. Reis; MARQUES, Lilian Argentina. **Brincadeiras Cantadas**. Porto Alegre: Kuarup, 1988.

_____. **Aprendendo a brincar**. Porto Alegre: Novak Multimidia, 2001.

GARDNER, Howard. **Inteligências Múltiplas: A teoria na prática.** Porto Alegre: Artmed, 1995.

GARDNER, Howard, CHEN, Jie-qi, KRECHEVSKY, Mara. **Atividades iniciais de aprendizagem.** Porto Alegre: Artmed, 2001. (Coleção Projeto Spectrum: A Teoria das inteligências Múltiplas na Educação Infantil, Infantil.) (v. 2)

GARDNER, Howard & KRECHEVSKY, Mara. **Avaliação em Educação Infantil.** Porto Alegre: Artmed, 2001. (Coleção Projeto Spectrum: A Teoria das inteligências Múltiplas na Educação Infantil.) (v. 3)

MELO, Veríssimo de. **Folclore Infantil.** Belo Horizonte: Itatiaia, 1985.

11. Autores

Música / Pesquisadores estagiários
André José Rodrigues Jr.

Alunos da 4ª séries A e B do ano de 2007
Andressa Aczenem Borges
Andressa Luray Silvestre Gasparoto
Eucles Caíque Souza Joaquim
Luana Correa Tiburcio
Natali Lopes Ananias
Natalia Arce de Andrade
Rafaela Cristina Vieira dos Santos
Tuania Lepomuceno Pereira

Aprendendo com brincadeiras cantadas

EM Prof. Sérgio Hugo Pinheiro

1. Introdução

Quem nunca brincou ou cantou alguma cantiga popular em sua infância? É justamente esse o foco deste material: resgatar as cantigas e brincadeiras cantadas que tanto animaram a infância de muitas gerações. Esse material, além de trazer as cantigas, traz também os conteúdos específicos de música e algumas sugestões de atividades que podem ser trabalhadas interdisciplinarmente.

A partir da Lei nº 11.769, de 18 de agosto de 2008, que torna obrigatório o ensino de música na educação básica de nosso país, esse material se torna uma ferramenta que vem para mostrar aos professores como é possível e até gostoso desenvolver os conteúdos dessa área de conhecimento. É papel da educação contribuir para que nossos alunos tenham uma formação rica no sentido de experiências e no contato com as diversas linguagens expressivas.

Em nossos relatos ilustramos possibilidades de trabalho com música, ao mesmo tempo procuramos que essa fosse nossa contribuição, no sentido de elevá-la ao seu status merecido dentro do currículo escolar, pelo potencial que esta linguagem tem de contribuir para o desenvolvimento do ser humano.

Foram escolhidas as cantigas mais comuns para que os professores percebam quão ricas elas são, observando como numa simples brincadeira podem ser desenvolvidos os conteúdos de música, o que para muitos professores acaba sendo difícil de perceber.

Começar o trabalho com música por meio das brincadeiras cantadas é, no mínimo, recomendável, pois é pela exploração do corpo com seus movimentos, que a criança irá vivenciar e assimilar melhor o aprendizado. Depois de bem exploradas as brincadeiras, com certeza há de ficar mais fácil a utilização dos instrumentos musicais, partindo daí para os arranjos e outras atividades, pois a criança já estará mais apta e segura para tocar um instrumento. As brincadeiras darão às crianças algumas noções de ritmo, andamento, pulsação, bem como outros conhecimentos e habilidades importantes para prática musical.

É fundamental que o professor saiba quais conteúdos estão sendo desenvolvidos, para que tenha clareza e segurança ao trabalhar com os alunos. Esperamos que esse material contribua para que o professor trabalhe com a música de maneira confiante, prazerosa e significativa.

2. Faixa etária indicada

Alunos da Educação Infantil ao Ensino Fundamental I Regular e EJA.

3. Objetivos

- Resgatar as Brincadeiras Cantadas Populares de Tradição.
- Desenvolver habilidades musicais por meio de brincadeiras cantadas.
- Vivenciar e conhecer conteúdos musicais.
- Oferecer informações e propostas para um trabalho interdisciplinar integrando música (Brincadeiras Cantadas) às outras disciplinas escolares.

4. Materiais que fazem parte de "Aprendendo com brincadeiras cantadas"

- CD - edição com exemplos de atividades práticas, que acompanha este livro.
- Apostila com orientações passo a passo, disponível na íntegra no site da EM Professor Sergio Hugo Pinheiro: http://sites.google.com/site/emsergiohugopinheiro/

5. Como brincar e trabalhar em conexão com as outras áreas do conhecimento

A CASINHA DA VOVÓ

A casinha da vovó
Toda feita de cipó
O café está demorando
Com certeza falta pó

SERRA, SERRA SERRADOR

Serra, serra, serrador
Serra o papo do vovô
O vovô está cansado
Deixa a serra descansar

ASERRÍN ASERRÁN

Aserrín Aserrán
Los maderos de Dom Juan
Los de arriba asierran bien
Los abajo asierran mal
Trique, trique...

Faixa etária: Educação Infantil III e IV (4 e 5 anos)

Modo de brincar

A casinha da vovó: Após cantar a canção com as crianças, podemos remetê-las ao ambiente sonoro da casa da vovó e para cada som criar um gesto.

Serra, serra serrador / Aserrín aserrán: Dispostos aos pares, um de frente para o outro, cada frase musical será marcada por um movimento diferente: marcando o pulso com batidas no joelho, brincando de mãos dadas com seu par; imitando o movimento da serra com o vai e vem do corpo ora de forma sincronizada, ora alternando os braços.

Diferentes formas de brincar: Nas três canções, podemos brincar de roda, marcando as frases musicais, girando ora para a esquerda e ora para a direita, fechando e abrindo a roda; batendo os pés ou as mãos para marcar o pulso da música. Há também a possibilidade de combinar movimentos de batida de mãos e copos de plástico para marcar a pulsação.

Conteúdos

Linguagem Oral e Escrita

- Gravação das vozes das crianças para trabalharmos tanto a oralidade, quanto os timbres (em nosso contexto essa atividade foi realizada em conjunto com as aulas de informática).

Música

- Escuta ativa

- Frase musical

- Timbre

- Som e pausa

- Ritmo

- Arranjo e interpretação musical

- Densidade sonora

- Melodia

- Naipes de instrumentos

- Registro musical não convencional

BOM DIA MINHA SENHORINHA

Faixa etária

Educação Infantil IV e V (05 e 06 anos)

Modo de brincar

Para iniciar o passeio cantado, as crianças deverão dividir-se em duas fileiras frente à frente, cada uma tendo uma criança representando uma "mãe ou pai". As fileiras avançam e retrocedem, uma de frente para outra, se movimentando (marchando) no ritmo da pulsação e cantando a música num jogo de pergunta e resposta.

Fila A

"*Bom dia minha senhorinha mandou tiro, tiro, lá*" (Canta-se duas vezes, uma vez na ida, marchando para frente e a outra voltando andando de costas)

Fila B

"*O que a senhora quer? mandou tiro, tiro, lá*" (Todas as frases cantadas obedecerão à mesma movimentação já descrita).

Fila A

"*Eu quero um (a) de vossos(as) filhos(as) mandou tiro, tiro, lá*"

Brincando e aprendendo: um novo olhar sobre o ensino de música
Aprendendo com brincadeiras cantadas
EM Prof. Sérgio Hugo Pinheiro

Fila B

"*Qual deles (as) a senhora quer? mandou tiro, tiro, lá*"

Fila A (Os alunos fazem uma rodinha se juntando para combinar quem escolherão do outro grupo.)

"*Eu quero o(a) 'Fulano' mandou tiro, tiro, lá*"

Fila B

"*Que ofício dar a ele? mandou tiro, tiro, lá*"

Fila A (Os alunos fazem uma rodinha se juntando para combinar que ofício escolherão.)

"***O ofício de Cantor*** (um exemplo) *mandou tiro, tiro, lá*"

Fila B (Os alunos fazem uma rodinha se juntando para ver se o escolhido aceita o ofício.)

"*Este ofício lhe agrada, mandou tiro, tiro, lá*" (Se aceito, a criança escolhida passa a fazer parte da outra fila.)

ou

"*Este ofício não lhe agrada, mandou tiro, tiro, lá*" (Neste caso, a fila A escolhe um outro ofício.)

O diálogo cantado recomeça e continua, até que todas as crianças da fila A e da fila B aceitem os ofícios apresentados a cada uma delas.

Diferentes formas de brincar: Este passeio cantado possui uma característica de enredo dentro da brincadeira. A partir disso realizamos um trabalho de *sonorização*, reinventando e recontando a história com as crianças.

Brincando e aprendendo: um novo olhar sobre o ensino de música
Aprendendo com brincadeiras cantadas
EM Prof. Sérgio Hugo Pinheiro

Conteúdos:

Natureza e Sociedade

- Alimentação vegetal e animal das regiões do nordeste e sudeste
- Tipo de moradia
- Ser humano

Música

- Percepção e expressão de sensações, sentimentos e pensamentos por meio de improvisações, composições e interpretações musicais.
- Brincadeira com música, imitação, invenção e reprodução de criações musicais.
- Vivência da organização dos sons e silêncios na linguagem musical, pelo fazer.
- Parâmetros do som (altura, duração, intensidade e timbre)
- Elementos do discurso musical: frases, partes, refrão, notas musicais.

O trabalho de sonorização de histórias também traz os seguintes objetivos:

- Sensibilizar a criança para o mundo dos sons.
- Desenvolver a noção de repetição, sequência, e encadeamento de elementos sonoros.
- Ampliar a imaginação sonora e a acuidade auditiva
- Incentivar diferentes formas de expressão através dos sons
- Pesquisar e produzir sons vocais e instrumentais

VIVA EU, VIVA TU... (Parlenda)

Faixa etária

Ensino Fundamental 1ª série (7 anos)

Viva eu, viva tu,
Viva o rabo do tatu

Modo de brincar

Formação em círculo ou fileiras frente a frente. Após internalizar o ritmo da fala na parlenda, acompanhar com palmas ou batidas no corpo, obedecendo à divisão silábica das palavras:

Vi Va Eu	Vi Va Tu	Vi Va-o Ra bo do Ta tu
Pa pa pa	Pa pa pa	Pa pa pa pa pa pa pa

Brincando e aprendendo: um novo olhar sobre o ensino de música
Aprendendo com brincadeiras cantadas
EM Prof. Sérgio Hugo Pinheiro

Pode-se brincar com palmas e batidas com os pés, num esquema de pergunta e resposta:

Pergunta	*Vi*	*Va*		Resposta	*Eu*			
	Palma	palma			pé			
Pergunta	*Vi*	*Va*		Resposta	*Tu*			
	Palma	palma			pé			
Pergunta	*Vi*	*Va o*		Resposta	*Ra bo*	*do*	*Ta tu*	
	Palma	palma			pé pé	pé	pé pé	

Este mesmo princípio pode ser explorado em diversas possibilidades:

Pergunta:	*Vi*	*Va*		Resposta	*Eu*			
	Palma	palma			(P.C.)			
Pergunta:	*Vi*	*Va*		Resposta	*Tu*			
	Palma	palma			(P.C.)			
Pergunta:	*Vi*	*Va o*		Resposta	*Ra*	*bo*	*do*	*Ta*	*tu*
	Palma	palma			(P.C.)	(P.C.)	palma	palma	(P.C.)

OBS. **(P.C.)** = Palma na coxa

Diferentes formas de brincar: Outra maneira interessante, criada e divulgada por Viviane Beineke e Sergio Paulo Ribeiro de Freitas, no livro *Lenga La lenga*, utiliza copos plásticos ou latinhas para marcação do ritmo da parlenda, acompanhando a divisão silábica já citada:

Vi	*Va*	*Eu*	*Vi*	*Va*	*Tu*	
Palma	(Pe. C)	(B.C.C)	Palma	(Pe. C)	(B.C.C)	
Vi	Va-o	Ra	bo	do	ta	tu
Palma	(Pe. C)	(B.C.C)	(B.C.C)	palma	(Pe.C)	(B.C.C)

OBS. Pegar o copo = **(Pe. C)** // Bater o Copo no Chão = **(B.C.C)**

OBS [2]. Este arranjo com copos não é exatamente o do livro Lenga la lenga de BEINEKE, nós adaptamos ao nosso contexto.

Conteúdos

Ciências

- Classificação do animal em questão: habitat, alimentação e reprodução.

Brincando e aprendendo: um novo olhar sobre o ensino de música
Aprendendo com brincadeiras cantadas
EM Prof. Sérgio Hugo Pinheiro

Música

- Ritmo (pulsação usando como referência as palavras do texto).

- Intensidade (produzir batidas fortes e fracas com mãos, pés, copos e clavas).

- Timbre (perceber a diferença dos sons produzidos por copos, palmas, batidas no corpo).

PIRULITO QUE BATE-BATE

Pirulito que bate, bate,
Pirulito que já bateu!
Quem gosta de mim é ela,
Quem gosta dela sou eu!

Faixa etária

Ensino Fundamental 1ª série (7anos)

Modo de brincar

As crianças cantam a música fazendo os seguintes gestos:

Piru<u>li</u>to	*que <u>ba</u>te*	*<u>ba</u>te*	
(P.C.)	palma	(P.C.P) do parceiro	
Piru<u>li</u>to	*que <u>já</u>*	*ba<u>teu</u>*	
(P.C.)	palma	(P.C.P) do parceiro	
Quem <u>gosta</u>	*de <u>mim</u>*	*é <u>e</u>la*	
palma	(M.D.) com (M.D.)	palma	
<u>Quem</u>	*go<u>sta</u>*	*de<u>la</u>*	*sou <u>eu</u>*
(M.E.) com (M.E.)	palma	(M.D.) com (M.D.)	palma

OBS. **(P.C.)** = Palma na coxa / **(P.C.P.)** = Palma com palma / **(M.D.)** = Mão direita / **(M.E.)** = Mão esquerda

Diferentes formas de brincar

- *Com movimentos corporais:* combinando gestos, batidas de palmas e nas coxas acompanhando o ritmo da música.

Brincando e aprendendo: um novo olhar sobre o ensino de música
Aprendendo com brincadeiras cantadas
EM Prof. Sérgio Hugo Pinheiro

- *Com jogo de mão:* batendo palmas, estalando os dedos, batendo palmas com palmas dos colegas.

- *Com instrumentos alternativos:* em nossas aulas construímos clavas e chocalhos para acompanhar a música. O grupo das clavas tocava marcando a pulsação, já o grupo dos chocalhos tocava sempre no final das frases: Pirulito que BATE, BATE. Pirulito que JÁ BATEU.

Conteúdos

Língua Portuguesa

- Leitura e canto; palavras chaves; análise e síntese; ordem cronológica dos versos.

Música

- Brincadeiras, jogos, danças e suas articulações com os elementos da linguagem musical.
- A exploração de materiais e experiências com o som (e suas qualidades) e o silêncio.
- A sensibilização da criança para o fenômeno sonoro.
- O desenvolvimento da imaginação sonora e da acuidade auditiva.
- A vivência da organização dos sons e silêncios em linguagem musical pelo fazer.

PEIXE VIVO

Como pode um peixe vivo,
viver fora d'água fria
Como pode um peixe vivo,
viver fora d'água fria
Como poderei viver,
como poderei viver
Sem a tua, sem a tua,
sem a tua companhia (bis)

Faixa etária

Ensino Fundamental 2ª série (8 anos)

Modo de brincar

"Roda simples, crianças de mãos dadas voltadas para o centro. A roda progride no sentido do relógio. As crianças saltitam cantando".(GARCIA & MARQUES, 1988, p. 75)

Brincando e aprendendo: um novo olhar sobre o ensino de música
Aprendendo com brincadeiras cantadas
EM Prof. Sérgio Hugo Pinheiro

Diferentes formas de brincar: Em duplas (brincadeira de mão); fazendo gestos com o corpo (sozinhos e depois em duplas)

Conteúdos

Artes Visuais

- Dobradura e confecção de painel
- Artistas que retratam animais: Ana Maria Dias *(Solidariedade, Véspera da Festa)*; Tarsila do Amaral *(A Cuca)* e Aldemir Martins *(Gato)*

Música

- Brincadeiras, jogos, danças e suas articulações com os elementos da linguagem musical.
- Brincadeiras com música, imitando, inventando e reproduzindo criações musicais.
- A exploração de materiais e experiências com o som, suas qualidades, e o silêncio.
- O desenvolvimento da imaginação sonora e da acuidade auditiva

DE ABÓBORA FAZ MELÃO

De abóbora faz melão,
De melão faz melancia,
Faz doce, sinhá, faz doce sinhá,
Faz doce sinhá Maria!

Quem quiser aprender a dançar
vai à casa do Juquinha,
Ele pula, ele roda,
ele faz requebradinha.

Faixa etária

Ensino Fundamental 2ª série (8 anos)

Modo de brincar

As crianças caminham cantando os dois primeiros versos da primeira quadra. Ao terminá-los, param e deixam as mãos das companheiras e cantam os dois últimos fazendo o gesto de quem mexe uma panela. A seguir dão novamente as mãos e caminham cantando os dois primeiros versos da segunda quadra. Ao terminá-los, param e entoam os dois últimos versos executando os movimentos determinados na letra: pulam, rodam no mesmo lugar e, com as mãos na cintura, fazem requebros.(NOVAES, 1983, p.37)

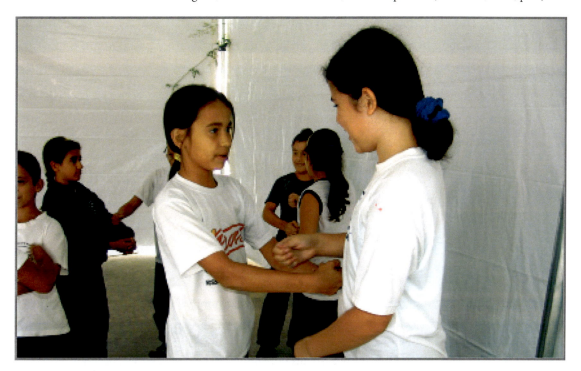

Diferentes formas de brincar: As crianças caminham em roda de mãos dadas, cantando os dois primeiros versos da primeira quadra. Uma ou mais crianças ficam no centro da roda (Sinhá). Ao terminar os primeiros versos, todos param, deixam as mãos dos companheiros e cantam os dois últimos, fazendo o gesto de quem mexe uma panela. A criança do centro escolhe e se dirige a uma das que estão imitando a panela na roda, fazendo o gesto de quem está mexendo aquela panela. A seguir, as que faziam a "Sinhá" e mexiam a panela, trocam de lugar com as "Panelas"; estas vão para o meio da roda e terminam a música executando os movimentos pedidos na letra (pular, rodar e requebrar). A música é repetida e a brincadeira continua, até todas as crianças passem pelo centro (Sinhá).

As brincadeiras cantadas, por serem atividades caracteristicamente musicais, possibilitam-nos realizar desdobramentos em diferentes tipos e estratégias de trabalho dentro da educação musical. Por exemplo, nesta atividade realizamos um trabalho de *improvisação musical*. Começamos perguntando a eles o que era improvisar, não necessariamente em música, mas de uma forma geral. Depois de algumas falas, um aluno definiu assim:

> É mais ou menos assim, você vai num restaurante, daí chega muita gente e os cozinheiros não estavam preparados para muita gente, daí eles falam assim: - Vamos ter que improvisar algo para essas pessoas comerem. (Aluno da 2ª serie B, 2008)

E eu disse: ISSO!

62

Brincando e aprendendo: um novo olhar sobre o ensino de música
Aprendendo com brincadeiras cantadas
EM Prof. Sérgio Hugo Pinheiro

A partir dessa interessante definição de nosso aluno, percebemos como a ideia de improvisar está relacionada a *se fazer na hora*, a *não ter algo previamente definido*, e estendendo a ideia para a música, isso seria como que criar uma música na hora, tocar algo (fazer um "toque", um "som"), sem ter elaborado exatamente antes. Dei alguns exemplos improvisando um pouco com alguns instrumentos e, em seguida, experimentamos o seguinte jogo de improvisação na brincadeira *De abóbora faz melão*:

- Dividimos os alunos em quatro naipes de instrumentos. Tínhamos: Clavas, Pandeiros, Maracás e Guizos.

- Cantamos e tocamos a primeira parte da música todos juntos. As crianças tocavam acompanhando a pulsação da música.

De abóbora faz melão,
de melão faz melancia (bis),
Faz doce sinhá, faz doce sinhá
faz doce sinhá Maria (bis)

- Ao final desta primeira estrofe, um aluno de um naipe fazia uma improvisação. Começamos com um *pandeiro*. Este improvisava um pouco e depois todos voltavam para a música,

Quem quiser aprender a dançar,
vai na casa do Juquinha (bis)
Ele pula, ele roda,
ele faz requebradinha (bis)

- Ao final da segunda estrofe, outro aluno de outro naipe improvisava e em nossa sequência foi a vez de um *maracá*.

- Cantamos a música novamente com a mesma estrutura, mas, na segunda vez, no meio da música, a criança que estava com uma clava fez um improviso e a que estava com um guizo fez um improviso ao final.

- O jogo possibilita ser feito várias vezes com alunos diferentes, improvisando a cada rodada.

Conteúdos
História e Geografia

- Localização espacial, Zona Rural e Zona Urbana

Música

- Desenvolvimento da prática instrumental, individual e em conjunto.

- A escuta atenta de si e do grupo.
- Improvisação musical.
- Desenvolvimento da capacidade de criação pessoal na utilização dos sons.
- Elementos da linguagem musical tais como ostinatos, motivos melódicos e rítmicos, timbres, formas.

PAI FRANCISCO

Pai Francisco entrou na roda,
Tocando seu violão:
Darão, dão, dão!(bis)
Vem de lá seu delegado,
Pai Francisco foi pra prisão.
Como ele vem,
Todo requebrado,
Parece um boneco
desengonçado.

Faixa etária

Ensino Fundamental 3ª e 4ª séries (9 e 10 anos)

Modo de Brincar

A roda gira, cantando. No terceiro e quarto versos, as crianças deixam as mãos das companheiras e fazem a mímica correspondente à letra. Novamente dão as mãos e continuam cantando e girando em roda. Na quadra final, enquanto todas, paradas, batem palmas no ritmo da melodia, o 'Pai Francisco' entra na roda fazendo requebros. Ao terminar, escolhe a criança que deverá substituí-lo. (NOVAES, 1983, p. 91)

Diferentes formas de brincar: Com gestos e batidas corporais (Em nossa apostila completa, que se encontra no site da escola http://sites.google.com/site/emsergiohugopinheiro/ descrevemos algumas possibilidades que realizamos): Brincando em formato de roda, elaborando movimentos para as partes da música; com crianças maiores dividimos a turma em subgrupos onde cada grupo foi para um canto da sala e criou uma maneira de apresentar a música para os outros colegas, utilizando instrumentos e movimentos.

Conteúdos

Artes Visuais

- Leitura de obras de Candido Portinari: *O lavrador de Café* e Tarsila do Amaral: *Os operários.*

Brincando e aprendendo: um novo olhar sobre o ensino de música
Aprendendo com brincadeiras cantadas
EM Prof. Sérgio Hugo Pinheiro

Música

- Escuta atenta
- Canto coletivo.
- Criação, elaboração de arranjo.
- Conhecimento de instrumentos musicais e naipes.
- Elementos da música (pulso, frase musical, andamento, dinâmica, acento métrico, forma musical)

RODA PIÃO

O pião entrou na roda, ó pião!
O pião entrou na roda, ó pião!
Roda pião, Bambeia pião!
Roda pião, Bambeia pião!

Faixa etária

Ensino Fundamental 3ª e 4ª séries (9 e 10 anos)

Modo de Brincar

As crianças caminham cantando o primeiro verso. Ao terminá-lo param e cantam o estribilho, imitando a criança que está no centro com as mãos na cintura, faz uma volta completa no mesmo lugar e requebra. Assim prossegue o brinquedo executando o "Pião" sozinho, enquanto a roda gira, seguindo as ordens determinadas nos versos. No final, escolhe uma companheira que deverá substituí-lo. (NOVAES 1983, p.103)

Diferentes formas de brincar: Experimentamos acompanhar a música com movimentos corporais, primeiro sentados em roda e marcando a pulsação nos joelhos e depois utilizamos outros movimentos sugeridos pelas crianças. Em seguida, começamos a reproduzir, ainda com movimentos corporais, o ritmo das frases musicais da introdução da música, que era feito na gravação que possuíamos com instrumentos de percussão; treinamos um pouco e depois dividimos o grupo em duas partes, e cada grupo realizou uma frase, num formato de pergunta e resposta. Interessante destacar como neste trabalho pudemos desenvolver uma *pesquisa de timbres e percussão corporal*. Este conteúdo é extremamente rico na educação musical e neste nosso trabalho pesquisamos com os alunos quais timbres poderíamos utilizar para criarmos um arranjo para a música, apenas com sons de corpo.

Conteúdos

Ciências

- Movimento de rotação do planeta em relação ao sol (movimento giratório do pião)
- Sistema solar e seus componentes

Música

- Escuta ativa da canção e reconhecimento de vozes e instrumentos presentes no arranjo.
- Percepção das frases musicais e reprodução destas com palmas e batidas corporais.
- Divisão da turma em dois grupos na realização das frases (em pergunta e resposta).
- Analogias referentes aos instrumentos e a maneira como foram executados com os tradicionais tambores japoneses (Taiko).

MINHA CIRANDA
Capiba

Minha ciranda não é minha só
Ela é de todos nós, ela é de todos nós (...)

Faixa etária

Ensino Fundamental - EJA (Educação de Jovens e Adultos)

Modo de brincar

Movimentando em roda com as mãos dadas, cantando e realizando o passo característico deste tipo de dança de adultos praticada no nordeste (Ciranda).

Diferentes formas de brincar: Primeiramente ensinamos os alunos a cantar a ciranda. A seguir, fizemos uma roda dançando os passos característicos da ciranda: girando de mãos dadas, dando um passo para o lado e outro para o meio da roda. Logo depois, fizemos um trabalho com os instrumentos musicais, elaborando um arranjo para a ciranda, na qual os alunos cantaram e tocaram instrumentos. No processo de elaboração de nosso arranjo, cada aluno escolheu um instrumento e procurou acompanhar a música de forma que combinasse e se encaixasse com o ritmo, sem a preocupação com questões técnicas. A partir daí, refletimos sobre nosso próprio desempenho, procurando manter e refinar as execuções que haviam ficado interessantes e reelaboramos o que julgamos que era preciso.

Conteúdos

Geografia

- Regionalidade

Música

- Escuta atenta, roda cantada, criação e elaboração de arranjos.
- Instrumentos musicais e seus naipes, forma musical.
- Valorização da arte de povos e culturas de diversas épocas e locais.
- Produção, apreciação e contextualização.

6. Fundamentação Teórica

> A música tradicional da Infância representa, em todas as culturas, a expressão mais sensível da alma de um povo. Assim é, pois, evidente, a necessidade de atentarmos para o cultivo da Música da Cultura Infantil. (HORTÉLIO, 2006, p. 1)

"O homem só é completo quando brinca", escrevia Schiller (1990). As diversas atividades humanas (arte, ciência, religião) podem ser percebidas e interpretadas como uma espécie de *jogo sério*. A dinâmica da movimentação e a interação dos elementos de quaisquer destas áreas de conhecimento humano, carregam uma força e um caráter análogo à ideia de jogo e brincadeira como tradicionalmente definimos. Os preceitos de ordem, contato, regra e inter-relação podem ser encontrados, guardadas as devidas proporções de manifestação e presença, nestas mais diversas atividades humanas.

As brincadeiras cantadas da infância são atividades extremamente ligadas a movimentos e representações. São músicas que aproximam pura e simplesmente pela livre vontade de brincar. Sua prática possibilita o exercício espontâneo da música em todas as suas dimensões. Com a brincadeira cantada, as crianças vivenciam os elementos musicais de forma integrada, o ritmo é experimentado por meio dos movimentos e das marcações de tempo. Com isso pulsação, andamento, métrica e outros conteúdos especificamente musicais são sentidos e interiorizados a partir da prática deste tipo de brincadeira. O mesmo processo ocorre com relação aos elementos melódicos: o canto, a afinação, as frases e a forma musical vão sendo percebidos intuitivamente pelo contato e vivência com estas, de forma integrada, com todas estas dimensões acontecendo ao mesmo tempo.

Sendo, portanto, a infância uma aprendizagem necessária à idade adulta, estudar na infância somente o crescimento, o desenvolvimento das funções, sem considerar o brinquedo, seria negligenciar esse impulso irresistível pelo qual a criança modela sua própria personalidade. Não se pode dizer de uma criança *que ela cresce* apenas, seria preciso dizer *que ela se torna grande* pelo jogo.

> Pelo jogo ela desenvolve as possibilidades que emergem de sua estrutura particular, concretiza as potencialidades virtuais que afloram sucessivamente a superfície de seu ser, assimila-as e as desenvolve une-as e as combina, coordena seu ser e lhe dá vigor. (CHATEAU, 1987, p.14)

Ao olharmos para as crianças, seres brincantes por natureza, fica difícil imaginar a infância sem seus risos e brincadeiras. De fato, a brincadeira é um elemento mais que prazeroso. Ela é uma atividade fundamental para o desenvolvimento do ser humano em suas mais variadas dimensões.

7. Para saber mais

- Veja a edição das gravações em DVD destas brincadeiras, que segue junto a esse livro.

- No site da escola: http://sites.google.com/site/emsergiohugopinheiro/ encontra-se a **apostila completa** para **Domwload** deste trabalho, onde descrevemos com mais detalhes as diferentes formas de brincar as brincadeiras, os conteúdos interdisciplinares e os conteúdos musicais trabalhados.

8. Referências

ALMEIDA, Maria Berenice S. de. **Fax Musical - Dicas semanais para o ensino de iniciação musical** (Módulos 1, 2, 3 e 4), São Paulo, 1996. (mimeo).

BEINEKE, Viviane; FREITAS, Sergio P. R. de. **Lenga la lenga – Jogos de mãos e copos.** São Paulo: Ciranda Cultural, 2006.

BRASIL, MINISTÉRIO DA EDUCAÇÃO. **Referencial Curricular Nacional Para a Educação Infantil, conhecimento de mundo** – Brasília: MEC, 1998. (Vol.3).

BRASIL, MINISTÉRIO DA EDUCAÇÃO. **Parâmetros Curriculares Nacionais: ARTE – 1ª a 4ª Séries.** Brasília: MEC, 1997.

BRITO, Teca Alencar de. **Música na educação infantil: propostas para a formação integral da criança.** São Paulo: Peirópolis, 2003.

CHATEAU, Jean. **O jogo e a criança**. São Paulo: Summus Editorial, 1987.

GARCIA,R.M.Reis; MARQUES, L.Argentina. **Brincadeiras cantadas.** Porto Alegre: Kuarup,1988.

HEYLEN, J. **Parlenda, riqueza folclórica.** São Paulo: Hucitec, 1987.

HORTÉLIO, Lídia. **Música da cultura infantil no Brasil.** Disponível em: <http://www.casaamarelafestas.com.br/textos/08_musicadacultura.html >Acesso em: 01 Dez. 2008.

PAREJO, Enny. **Iniciação e sensibilização musical pré-escolar. Módulo II.** São Paulo. 2008. (mimeo).

SCHILLER, Friedrich V. **A educação estética do homem**. São Paulo: Iluminuras, 1990.

9. Autores

Diretora da Escola
Lucia Mayumi Sagawa Takemoto

Música / Pesquisador estagiário
Douglas dos Santos Silva (Gamboa)

Professores de Educação Infantil
Luciana Rodrigues dos Anjos
Patrícia Marins Aguiar Conde

Professores de Ensino Fundamental Regular
Elaine Rachid Santana; Eliane Gregório de Assis; Jackeline Cunha de Meirelles; Maria Aparecida Pereira Barbosa; Maria Inês Molina; Maria Inês de Souza Filardi Ribeiro; Marineide Cardoso da Conceição; Simone Vieira Romera

Professores do Ensino Fundamental EJA
Sueli Gomes Figueiredo de Santana
Vanessa Aparecida Negrão.

Baú mágico

EM Dr. Álvaro de Campos Carneiro

1. Introdução

No segundo semestre de 2007, a Secretaria Municipal de Educação da Prefeitura de Mogi das Cruzes, em parceria com o Instituto de Artes e a Fundação para o Desenvolvimento da Unesp - Fundunesp, iniciaram outra fase do projeto *Tocando, Cantando... Fazendo Música com Crianças* e teve como um de seus objetivos criar e confeccionar material didático para ensino de música nas escolas desta rede municipal de ensino.

Na EM Dr. Álvaro de Campos Carneiro, os pesquisadores estagiários fizeram a pesquisa diagnóstica coletando opiniões dos professores, com o objetivo de saber a principal necessidade da escola, direcionando o tipo de material que seria feito. Na opinião da maioria dos professores, deveria ser confeccionado um material que desse suporte para o trabalho de sonorização de histórias. Nascia, então, a ideia do *Baú Mágico*.

No ano seguinte, 2008, passaram a trabalhar nesta escola os pesquisadores estagiários Sidney e Thiago, que junto ao pesquisador estagiário Cassiano, deram continuidade a este projeto, contando com o trabalho de professores e direção da escola.

Brincando e aprendendo: um novo olhar sobre o ensino de música
Baú mágico
EM Dr. Álvaro de Campos Carneiro

No início pensávamos em um Baú que contivesse instrumentos simples, alguns deles até confeccionados pelos próprios alunos. Esse *Baú Mágico* seria levado até a sala e conforme as histórias fossem contadas pelos professores, os instrumentos seriam retirados, montando assim a sonorização. Esse procedimento foi escolhido, pois utilizávamos instrumentos simples, pequenos, alguns deles que não tinham a função inicial de "instrumentos musicais" (conduítes, radiografias, *cotidiáfonos* confeccionados pelos próprios alunos), mas apresentavam boa sonoridade. Esses instrumentos cabiam dentro do baú, ficando armazenados em um mesmo lugar, facilitando o transporte e organização do material.

Com o aprimoramento do conhecimento musical dos professores, passamos a utilizar um instrumental mais complexo (xilofones e metalofones Orff, carrilhão, tambores etc.), o que enriqueceu muito o arranjo, elevando a qualidade das sonorizações. Nesse momento, percebemos que os instrumentos utilizados nas histórias não cabiam mais dentro do nosso *Baú Mágico.* Percebemos que as possibilidades sonoras se expandiram para além do nosso baú de vime.

Passamos, então, a utilizar a história escrita como guia para a sonorização, elaborando legendas ao lado do texto. Essas legendas traziam as indicações dos instrumentos que foram utilizados, o momento que seriam tocados na história e até quando tocariam. Nesse ponto percebemos, então, que cada história possuía o seu próprio *Baú Mágico,* cada história tinha infinitas possibilidades sonoras que não caberiam dentro de um mesmo baú.

Nesse ponto, desistimos da ideia de integrar ao nosso material didático o *Baú Mágico* original, com seus pequenos instrumentos e nos dedicamos a elaborar histórias que apresentassem ricas possibilidades sonoras. Junto às histórias elaboramos também legendas dos instrumentos e sons utilizados, para que o professor, a partir dessas possibilidades, pudesse desenvolver seu trabalho de sonorização com os alunos.

Desse longo processo de escolha e criação de histórias, composição de arranjos, escolha de instrumentos musicais e objetos sonoros que seriam utilizados, foram escolhidas as seguintes histórias:

Nunca se Sabe o Que Pode Acontecer – criação da prof^a e alunos da 3ª série E

Dia a Dia - criação dos professores e alunos da EJA (Educação de Jovens e Adultos)

Neste material didático o professor encontrará as histórias escritas com indicações da sonorização, como e em que momento foi tocado cada instrumento musical. Também integra o material um CD com as histórias gravadas. (A utilização do CD está explicitada no item *7. Como Utilizar.*)

Nosso foco é apenas sonoro. Fica a critério do professor a criação de cenário e figurino, se assim o desejar.

Brincando e aprendendo: um novo olhar sobre o ensino de música
Baú mágico
EM Dr. Álvaro de Campos Carneiro
2. Faixa etária indicada | 3. Objetivos |
4. Materiais que fazem parte do "Baú Mágico" | 5. Objetivos

Esperamos que as histórias do *Baú Mágico* sirvam de referência para que outras histórias sejam criadas e sonorizadas. Assim, cada professor terá a possibilidade de inventar seu próprio *Baú Mágico*, colocando dentro dele os sons e a magia necessária para encantar o mundo da criança e do adulto.

2. Faixa etária indicada

História ***Nunca se sabe o que pode acontecer*** - Ensino Fundamental I - 6 a 10 anos
História ***Dia a Dia*** – EJA (Educação de Jovens e Adultos)

3. Número de Jogadores

A definir pelo professor que utilizará o material. Pode ser utilizado com poucos alunos ou com uma classe inteira.

4. Materiais que fazem parte do "Baú Mágico":

- Histórias adaptadas para a sonorização. Passo a passo como utilizar.
- CD com as histórias ***Nunca se Sabe o Que Pode Acontecer*** e ***Dia a Dia***.
- Para a sonorização das histórias são utilizados:
  - Instrumentos musicais: apito, carrilhão, xilofone contralto, pau de chuva, prato, tambor, xilofone soprano, ganzá, caxixi, metalofone soprano, címbalo, xilofone baixo, agogô de metal, reco-reco, chocalhos, ocean drum, blocos de madeira e xilindró.
  - Vozes e percussão corporal.

5. Objetivos

- Sonorizar histórias.
- Identificar instrumentos musicais e materiais sonoros (cotidiáfonos)
- Contextualizar, no tempo e espaço, as histórias trabalhadas.

6. Conteúdos

- Criação musical

- Forma musical (frase, período) altura, intensidade, duração, timbre, andamento e ritmo.

- Prática instrumental com cotidiáfonos e instrumental Orff.

- Paisagem Sonora.

7. Como utilizar

No *Baú Mágico*, o professor terá à sua disposição duas histórias para serem sonorizadas:

Nunca se Sabe o Que Pode Acontecer
Dia a Dia

Cada história foi gravada em duas faixas diferentes:

1ª faixa – Sonorização da história por completo, com narração e instrumentação.
2ª faixa – Explicação do processo de sonorização da história.

Proposta para trabalho com o *Baú Mágico*:

1. Professor e alunos escutam juntos a história sonorizada: primeira faixa de cada história, questionando sobre os sons e os instrumentos utilizados.

2. Professor e alunos ouvem a explicação dos sons utilizados na história (2ª faixa), explorando cada um isoladamente, facilitando sua assimilação e reprodução. Os exemplos também servem como base para a criação de novas possibilidades de sonorização.

3. Conhecendo os sons utilizados e discutindo em grupo o que farão, o professor realiza a sonorização com seus alunos e utiliza como base a narração da história (2ª faixa).

O *Baú Mágico* apresenta apenas uma possibilidade de sonorização para cada história, ficando a critério do professor criar outras possibilidades de acordo com o instrumental disponível e com os alunos envolvidos no trabalho. O *Baú Mágico* é um suporte para a sonorização de histórias.

Brincando e aprendendo: um novo olhar sobre o ensino de música
Baú mágico
EM Dr. Álvaro de Campos Carneiro

Com esse material, professor e alunos têm um "*modelo*" de história já sonorizada e a possibilidade de criar seus processos pessoais junto aos alunos, a partir das orientações gravadas no CD e registradas neste capítulo do livro.

A seguir, as histórias que compõem o *Baú Mágico*, com a indicação dos instrumentos utilizados.

Nunca se sabe o que pode acontecer
Profª Sonia Ap. Quadra Pereira e seus alunos

Na excursão da escola, as crianças foram ao jardim zoológico. O grupo estava muito alegre, todos cantavam, brincavam, faziam toda a bagunça dentro do ônibus.

Nivaldo, o motorista, estacionando em frente à morada dos animais, apertou a buzina *(apito)* e todos começaram a gritar. *(vozes)* Os alunos estavam felizes, o dia estava maravilhoso. *(sons de pássaros, carrilhão)*.

As crianças se dividiram em grupos e foram conhecer os animais, ninguém esperava o que estava por vir. *(xilofone contralto com as notas Ré, Fá#, Lá#*)*

Um grupo de crianças saiu para ver o leão, *(pau de chuva, carrilhão)* que tomava seu banho de sol sossegado, aproveitando o calor gostoso dos raios de sol da manhã. De repente, o animal que estava manso e tranquilo começou a rugir ferozmente *(vozes)*, assustando todos que estavam por perto. *(prato, tambor)*

Nesse momento aconteceu o que ninguém previa: o leão enfurecido saiu da sua jaula invadindo o espaço dos outros animais. *(xilofone soprano nas notas Si, Ré, Fá, Lá)*

Foi a maior gritaria entre os bichos. O macaco gritava *(voz - grunhido do macaco)*. A girafa corria atordoada *(passos fortes e ritmados)*. A cobra serpenteava balançando o seu rabo *(ganzá, caxixi)*.

Enquanto isso o leão continuava a rugir e correr pelo zoológico. *(rugido do leão e som do macaco, girafa correndo, cobra balançando o rabo)*

As pessoas não conseguiam entender o que acontecia, *(sons dos animais continua)* era marreco pra todo o lado *(som - apito do marreco)*, pássaros fazendo o maior barulho *(sons - apitos de outros pássaros)*, zebras correndo desesperadas *(bater os pés em andamento rápido)*.

O alarme do Zôo foi acionado *(metalofone soprano: dó – lá tocar várias vezes nesta seqüência)*, os guardas chegaram com os dardos tranquilizantes e conseguiram acalmar a situação. *(Parar todos os sons e tocar uma vez o címbalo)*

(Xilofone baixo em improvisação livre até o final da narração nas notas: Dó, Ré, Mi, Sol, Lá**).

No dia seguinte, os funcionários do zoológico foram investigar o que havia acontecido e para surpresa de todos acharam bolinhas de gude e um estilingue onde ficava o leão. Chegaram à conclusão de que algum visitante, por brincadeira ou por maldade, teria atirado bolinhas de gude no leão, o que o enfureceu e fez com que saísse da jaula perturbando todos que foram passar um dia tranquilo no zoológico.

(Carrilhão).

Instrumentos musicais e/ou cotidiáfonos utilizados nesta sonorização:

- Voz (crianças cantando e brincando)
- Rugido do leão
- Som do macaco
- Apito comum
- Apito de madeira com sons de pássaros
- Carrilhão
- Tambor
- Prato

Brincando e aprendendo: um novo olhar sobre o ensino de música
Baú mágico
EM Dr. Álvaro de Campos Carneiro

- Passos (com os pés)
- Ganzá
- Caxixi
- Xilofone Baixo com as notas Dó, Ré, Mi, Sol, Lá**
- Xilofone Soprano com as notas Si, Ré, Fá, Lá
- Metalofone Dó e Lá

Xilofone Contralto: *Fá# e Lá#; estão nas barras adicionais do Xilofone Orff.*

Xilofone Baixo em Improvisação Livre: *Dar liberdade para o aluno criar sua melodia. Ele se diverte alternando as mãos no instrumento que estará com apenas 5 notas, na chamada escala Pentatônica. No caso a pentatônica de Dó Maior, composta pelas notas Dó-Ré-Mi-Sol-Lá.*

Dia a Dia

Professsores e seus alunos da EJA
Regina Maria Toledo de Morais,
Rejane José do Nascimento de Oliveira,
Sandra Regina Fritoli Renzi,
José Elias Alves de Barros

Agogô de metal: *tocar a parte mais aguda.*

Metalofone soprano: *notas: Sol - Mi*

> **Condutora do trem:** *"Boa noite, senhores passageiros! Esta composição tem como destino a estação de Jundiapeba. Professores e alunos da EJA Dr Álvaro desejam a todos uma boa viagem".*

Metalofone soprano: *notas: Sol - Mi*

Ganzás: *lento e vai acelerando.*

Apito

Vozes: vendedores ambulantes *"5 pilhas 1 real; Olha a água, olha a água; 10 paçoquinha 1 real"*

Ganzá: *inicia rápido e vai parando*

Agogô de metal: *tocar a parte mais aguda.*

Metalofone soprano: *notas: Sol – Mi*

> **Condutora do trem:** *"Sejam todos bem vindos à estação de Jundiapeba"*

Metalofone soprano: *notas: Sol – Mi*

Inicia o ritmo de samba:

> Tá vendo como começa o meu dia, seu moço?
> Pego o trem lotado, nem dá pra entrar
> Gente se apertando pro trabalho chegar
> O maquinista quer a viagem terminar
> Nem se preocupa com quem vai trabalhar

Paisagem sonora da construção civil:

Agogô de metal: *raspar a baqueta, produzindo um som de serra.*

Reco-reco: *Produzir o som do serrote.*

Chocalhos, Ocean Drum: *Produzir o som da areia sendo peneirada.*

Blocos de madeira: *Som dos pregos.*

Tambor: *Estacas sendo pregadas.*

Inicia o ritmo de samba:

> Chegando no trabalho, não dá pra me concentrar
> Só penso na loucura da hora de voltar
> É o chefe me cobrando pro serviço melhorar
> E eu dando o meu sangue pra melhor executar
> Não sei o que fazer pra ele não me dispensar

> **Chocalhos** *do rápido ao lento;* **agogô de metal** *na nota aguda,* **apito**
>
> Inicia o ritmo de samba:
>
> Tá vendo como termina o meu dia, moço?
>
> A mulher e as crianças me esperando pra jantar
>
> Abro o sorriso e vejo as contas pra pagar
>
> Pois sei que amanhã, novo dia vai raiar
>
> Deus me dará forças pra eu poder continuar
>
> Inicia o ritmo de samba, reduzindo a intensidade até sumir o som.
>
> **Xilindró e reco-reco.**

8. Fundamentação Teórica

> A importância da história no cotidiano das crianças é inquestionável. Ouvindo e, depois, criando histórias, elas estimulam sua capacidade inventiva, desenvolvem o contato e a vivência com a linguagem oral e ampliam recursos que incluem o vocabulário, as entoações expressivas, as articulações, enfim, a musicalidade própria da fala. (...) E a história também pode tornar-se um recurso precioso do processo de educação musical. (BRITO, 2003, p. 161)

É tentando utilizar a história com todo seu potencial educativo, que o material didático *Baú Mágico* se fundamenta. Procuramos, por meio das histórias, trabalhar os conteúdos musicais e também fornecer possibilidades para que outros conteúdos sejam desenvolvidos a partir do contato com o mesmo.

> A música não só necessita da vida emotiva como também da vida intelectual, da mesma forma que outros temas escolares, e, assim, não se chega a ela apenas por meio do conhecimento de sua leitura e escrita. A música na escola não é apenas uma disciplina, mas um meio poderoso de colaborar na educação dos diferentes aspectos do saber humano, e não somente no domínio das artes. (SZONYI, 1996, p. 76)

Procurando trabalhar com a música de uma maneira funcional e prática, que ao mesmo tempo agregue valores e conteúdos, sugerimos a história sonorizada como meio de alcançar os nossos objetivos, como: "um meio poderoso de colaborar na educação de diferentes aspectos do saber humano". (SZONYI, 1996, p. 76)

Tanto a ciência como a arte são formas simbólicas que buscam criar uma significação de mundo e da vida. O que as diferencia, essencialmente, são as formas de expressão e percepção. A arte nos atinge de uma maneira mais sintética e direta, o que chamamos de percepção estética. Sua linguagem é mais aberta a interpretações e tem um caráter mais expressivo que explicativo. Nesse contexto, a linguagem musical se caracteriza como uma das manifestações artísticas que mais envolvem a participação integral dos sentidos e do corpo, tanto na sua produção como na sua apreciação. (GRANJA, 2006, p. 104)

Esse material didático trabalha com música de uma maneira não convencional. "Durante séculos fomos condicionados a acreditar que a música é uma combinação de notas dentro de uma escala, e temos dificuldade em concebê-la em termos diferentes." (JEANDOT, 2006, p. 12) No *Baú Mágico*, a música é tratada como uma linguagem que se expressa pelo som, visando assim despertar o interesse dos alunos para os sons, para a música que nos cerca.

9 – Para Saber Mais

Instrumetal Orff: Instrumental desenvolvido pelo músico e educador alemão Carl Orff. Este instrumental foi projetado, adaptado e desenvolvido para ser usado em sala da aula.

Cotidiáfonos: São instrumentos musicais construídos a partir de objetos do cotidiano. Mais informações em AKOSCHKY (1996).

10 - Referências:

AKOSCHKY, Judith. **Cotidiafonos.** Buenos Aires: Ricordi, 1996

BRITO, T. A. **Música na Educação Infantil: propostas para a formação integral da criança.** São Paulo: Peirópolis, 2003.

DERDYK, E.; TATIT, P. **Ora Bolas.** São Paulo: Cosac Naify, 2005. Inclui 1 CD.

DERDYK, E.; TATIT, P. **Rato.** São Paulo: Cosac Naify, 2003. Inclui 1 CD.

FERRERO, M. I.; FURNÓ, S.; LANFRANCHI, A. del V.; QUADRANTI, A. [ELOLA. N. E. Asesoramiento pedagógico / GAINZA, V. H. de. Coordinación musical. **Planeamiento de la Enseñanza Musical - Ejemplos de unidades de enseñanza-aprendizaje y material didáctico para la escuela primaria. 1ro. a 3er grado.** Buenos Aires: Ricordi, 1981.

GRANJA, Carlos Eduardo de Souza Campos. **Musicalizando a escola: música, conhecimento e educação.** São Paulo: Escrituras, 2006.

JEANDOT, Nicole. **Explorando o universo da música.** São Paulo: Scipione, 1997.

MARQUES, F. **Histórias Gudórias de Gurrunfórias de Maracutórias Xiringabutórias.** São Paulo: Palavra Cantada, 1999. 1 CD.

PERES, S.; TATIT, Z. **Antigamente e Tente Entender.** São Paulo: Cosac Naify, 2005. Inclui 1 CD.

ROCHA, R. **Mil pássaros:** sete histórias de Ruth Rocha. São Paulo: Palavra Cantada, 1999. Inclui 1 CD.

SZONYI, Erzsébet. **A educação musical na Hungria através do Método Kodály.** São Paulo: Sociedade Kodály do Brasil, 1996.

TATIT, L.; PERES, S. **Pindorama.** São Paulo: Cosac Naify, 2003. Inclui 1 CD.

VALE, R. **Enrola-Bola: Brinquedos, brincadeiras e canções.** Belo Horizonte: ABA, 1996. Inclui 1 CD.

11. Autores

Vice-diretora
Elis Maria de Araujo

Pesquisadores Estagiários
Cassiano Santos de Freitas
Sidney Aparecido Pontes de Lima Franco
Telma Militão
Thiago Gabriolli Chiarantano

Equipe de professores da EM Dr. Álvaro de Campos Carneiro 2008
Alexandra Nunes de Almeida
Alexsandra Telles Oliveira M. de Paula
Aliane Pontes Rodrigues
Ana Lúcia Torres Braceiro de Moura
Araci Marcos Ladeira
Camila Maria Moreira Negrini
Carla da Silva Moreno de Carvalho
Delza Alves da Silva
Eglé Sambrana de Oliveira
Emilia Fernandes Freitas
José Elias Alves de Barros
Josélia Brazão de Lima
Jussara Vaz Lima Tote

Brincando e aprendendo: um novo olhar sobre o ensino de música
Baú mágico
EM Dr. Álvaro de Campos Carneiro

Luciana Aparecida Fiamini
Márcia da Silva Gonçalves
Márcia Rosana Soares dos Santos
Mariza Aparecida Romeiro Franco
Marizete Nunes da Silva
Marlene Nunes Jorge
Marly Alves da Silva
Marta Ribeiro Gomes
Nadine Costa Santos
Nicéia da Conceição Cometi
Regina Maria Toledo de Morais e alunos do 4º Termo - EJA
Rejane José do Nascimento de Oliveira e alunos do 2º Termo - EJA - 2º SEM
Sandra de Lima
Sandra Regina Fritoli Renzi e alunos do 1º Termo - EJA
Simone Broering Suzuki
Sonia Aparecida Quadra Pereira e alunos da 2ª série A
Sueli de Souza Cardoso Telhe
Sueli Gomes Figueiredo de Santana
Vanessa Martinez
Vanilda Aparecida dos Santos Oliveira
Vera Lúcia Cardilli Cerneviva

Bingo sonoro

EM Profa Cecília de Souza Lima Vianna

1. Introdução

Diante de uma educação globalizada, na qual a sociedade está em constante transformação e a educação precisando seguir novos rumos, sentimos a necessidade de trabalhar com a música.

A introdução da música na educação nos dá inúmeras possibilidades: os sons passam a ter sentido para a criança e, a partir disso, podemos desenvolver alguns sentidos como a escuta com concentração, a percepção e o reconhecimento de objetos sonoros.

Para iniciarmos com a música na educação, partimos do princípio da necessidade do aprender a ouvir. Baseado nesse processo, em que o ouvir é o ponto de partida, sentimos necessidade de construir um material didático musical que estimulasse e potencializasse em nossos alunos a escuta atenta, o reconhecimento de objetos sonoros e uma melhor interação no contexto em que vivem.

Assim, criamos o jogo *Bingo Sonoro*, que traz um jeito gostoso de brincar com a música, possibilitando a distinção e a percepção dos sons e também a associação do som ao instrumento musical.

Brincando e aprendendo: um novo olhar sobre o ensino de música
Bingo sonoro
EM Profa Cecília de Souza Lima Vianna

2. Faixa etária indicada | 3. Número de jogadores | 4. Materiais que fazem parte do jogo

2. Faixa etária indicada

A partir de 4 anos

3. Número de jogadores

Jogo nº 1 (cartelas de instrumentos musicais) - No mínimo 2 jogadores e no máximo 30 jogadores.

Jogo nº 2 (cartelas de animais, natureza, objetos,...) - No mínimo 2 jogadores e no máximo 20 jogadores.

4. Materiais que fazem parte do jogo

- Bolinhas de papel crepom para marcar a figura que representa o som ouvido.
- **Jogo nº 1 - Bingo Sonoro: instrumentos musicais.** Compreende 22 faixas no CD que acompanha este livro, com sons correspondentes a instrumentos musicais.

  -22 fichas para sorteio dos instrumentos.

  -30 cartelas com figuras variadas de instrumentos musicais, conforme ilustração.

  -Base para conferir os sons sorteados, conforme ilustração. O professor vai marcando todos para conferir no momento em que alguém gritar "bingo".

Exemplos de cartelas utilizadas para o jogo

Brincando e aprendendo: um novo olhar sobre o ensino de música
Bingo sonoro
EM Profa Cecília de Souza Lima Vianna
5. Objetivos do jogo | 6. Conteúdos do jogo

Base para conferência

- **Jogo nº 2 - Bingo Sonoro: sons da natureza, de animais, de objetos,** compreende 23 faixas no CD que acompanha este livro, com sons correspondentes aos sons da natureza, animais, objetos etc.

    - 22 fichas para sorteio dos diversos sons.

    - 24 cartelas com figuras variadas (natureza, animais, objetos etc.).

    - Base para conferir os sons sorteados.

5. Objetivos do jogo

- Desenvolver a percepção sonora e a atenção.
- Reconhecer sons de diversos instrumentos musicais, de animais, da natureza etc.
- Relacionar o som com a imagem que o representa.

6. Conteúdos do jogo

- Reconhecimento de diversas paisagens sonoras e sons de animais.
- Conhecimento de timbres de instrumentos musicais.

Brincando e aprendendo: um novo olhar sobre o ensino de música
Bingo sonoro
EM Profa Cecília de Souza Lima Vianna
7. Como jogar

7. Como jogar

Jogadores: Número de cartelas correspondentes à quantidade de participantes.

Jogo nº 1 - mínimo de 2 jogadores e máximo de 30 jogadores.

Jogo nº 2 - mínimo de 2 jogadores e máximo de 20 jogadores.

Instruções: No primeiro momento, é importante que as crianças ouçam os sons deste jogo contidos no CD e identifiquem cada uma das imagens das cartelas. Para isso, cada professor/a fará uma dinâmica que julga adequada ao grupo. Depois começar o jogo.

1. Distribua uma cartela para cada aluno e os marcadores (bolinhas de crepom).

Crianças recebem as bolinhas de crepom

2. Inicie o sorteio das fichas sem que os alunos tenham acesso ao nome da ficha sorteada.

3. Coloque o CD na faixa correspondente à ficha sorteada para tocar.

4. Cada aluno deverá marcar a imagem na cartela correspondente ao som sorteado.

5. O aluno que marcar primeiro todas as imagens contidas na cartela, "grita" a palavra BINGO e vence o jogo.

8. Fundamentação Teórica

Para a construção deste jogo, baseamo-nos no conteúdo dos Parâmetros Curriculares Nacionais (PCNs). O foco do jogo é praticar a escuta, conhecendo e reconhecendo os diversos timbres contidos no jogo. Os três eixos do ensino de Arte / Música propostos pelos PCN - Arte proposto pelo MEC apresentam: fazer / Apreciar / Contextualizar. E, em um dos tópicos do PCN - Arte ele nos traz como conteúdo necessário e de fundamental importância:

> . Percepção e identificação dos elementos da linguagem musical (motivos, forma, estilos, gêneros, sonoridades, dinâmica, texturas etc.) em atividades de apreciação, explicitando-os por meio da voz, do corpo, de **materiais sonoros disponíveis**, de notações ou de representações diversas.
> . Identificação de instrumentos e materiais sonoros...; (PCN Arte, 1997, p. 79) (Grifo nosso)

Por meio deste jogo aprenderemos a identificar, conhecer e reconhecer sons, nomes e formas dos diversos instrumentos musicais, paisagens sonoras e animais. Desenvolver a percepção sonora é o nosso principal objetivo. A educadora Enny Parejo nos fala sobre a importância do "ouvir":

> O OUVIR, segundo estratégias bem definidas, é o ponto de partida. A escuta musical cria as condições necessárias para que a pessoa se torne receptiva ao ambiente sonoro, à escuta de si próprio e à música, naturalmente; é também através do ouvir que as condições fisiológicas, psicológicas e emocionais do indivíduo se transmutam, levando-o a estados de relaxamento, concentração, percepção e bem-estar que permearão todo o processo. (PAREJO, 2007, p. 06)

O som não é um objeto visível, portanto, para iniciar o trabalho com a criança, é preciso brincar com a música ouvindo-a, reproduzindo-a e brincando com os sons. Assim, o som passa a ser um objeto sonoro, onde tanto o som da voz, de instrumentos ou ruídos, passam a fazer parte de uma paisagem sonora criando significados.

Para a construção desse jogo ficamos atentos à necessidade da criança interagir para construir, pois, na percepção e interação com objetos sonoros, ela poderá construir seu conhecimento musical.

> Entende-se por objeto sonoro todo objeto produzido ou percebido como som. Nesse caso envolve tanto o som da voz e instrumentos musicais definidos, quanto ruídos, buzinas, campainhas e demais sonoridades de nossa paisagem sonora. (LINO, In: CUNHA, 2006, p. 64)

Ainda em relação à importância do ato de escutar, perceber e entender o que se escuta, a educadora musical Teca Alencar de Brito escreve:

Aprender a escutar, com concentração e disponibilidade para tal, faz parte do processo de formação de seres humanos sensíveis e reflexivos, capazes de perceber, sentir, relacionar, pensar, comunicar-se.

Escutar é perceber e entender os sons por meio do sentido da audição, detalhando e tomando consciência do fato sonoro. Mais do que ouvir (um processo puramente fisiológico), escutar implica detalhar, tomar consciência do fato sonoro. (BRITO, 2003, p.187)

Entendemos, então, que o jogo *Bingo Sonoro* ajudará em um processo fundamental para um bom aprendizado musical, trabalhando e desenvolvendo a percepção sonora, ensinando as crianças a escutar e contribuindo com a melhora integral do ser humano.

9. Para saber mais

"**Paisagem sonora**: tradução do termo "Soundscape". Tecnicamente qualquer parte do ambiente sonoro é tomada como campo de estudo. O termo pode referir-se tanto a ambientes reais, quanto a construções abstratas, tais como composições musicais, montagens em fita, particularmente quando consideradas como um ambiente." Ver M. Shaffer (1991).

10. Referências

ABBADIE, M,; GILLIE, A. M. **El niño en el universo del sonido.** Buenos Aires: Kapelusz, 1976.

AVERM – Instrumentos Musicais. Disponível em http://agvreguengosmonsaraz.drealentejo.pt/documentos/edmusical/doc/orff/instr.htm Acesso em 11/07/2008.

BRASIL. MINISTÉRIO DA EDUCAÇÃO. **Parâmetros Curriculares Nacionais para o Ensino Fundamental: Arte – 1ª a 4ª séries.** Brasília: MEC/SEF, 1997.

BRASIL. MINISTÉRIO DA EDUCAÇÃO. **Referencial Curricular Nacional para a Educação Infantil.** Brasília: MEC / Secretaria de Ensino Fundamental, 1998. (vol.3)

BRASIL. MINISTÉRIO DA EDUCAÇÃO. **Parâmetros Curriculares nacionais para o Ensino Fundamental: Arte – 5ª a 8ª séries.** Brasília: MEC/SEF, 1998.

BRITO, Teca Alencar de. **Música na educação infantil: propostas para a formação integral da criança.** São Paulo: Peirópolis, 2003

LINO, Dulcimarta Lemos. Música é...cantar, dançar...e brincar! Ah, tocar também! In: CUNHA, Suzana Rangel Vieira da. (Org), **Cor, som e movimento.** Porto Alegre, Mediação, 2006.

PAREJO, Eny. **Iniciação e sensibilização musical Pré-Escolar.** São Paulo, 2008. (mimeo)

QUEIROZ, T. ; MARTINS, J.. **Pedagogia lúdica: Jogos e brincadeiras de A à Z.** São Paulo: Rideel, 2002

SCHAFER, R. M. **O ouvido pensante.** São Paulo: Editora Unesp, 1991.

WAUGH, A. **Música clássica: Uma nova forma de ouvir.** Lisboa: Temas da Atualidade, 1995.

Imagens:

Cliparts

Designer gráfico-UY2-Aguinaldo A. Soares – cliparts, fotos e fontes

Galaxy of clipart -Ed. de luxo

Página na internet http://www.anasoft.com.br

11. Autores

Diretora
Marli Aparecida de Souza Machado

Coordenadora Pedagógica
Fátima Aparecida Pereira Lopes

Música / Pesquisador Estagiário
Everton David Gonçalves David

Professores
Alexandra Koloniaris Barbosa
Caroline Delfino Ferreira
Débora Soares Alves Teixeira

Fotografia & reedição dos sons
Alvaro Shozo Kudamatsu

Bola facetada musical

EM Prof. João Gualberto Mafra Machado

1. Introdução

O jogo *Bola Facetada Musical* surgiu a partir do grande fascínio das crianças e professores pelos instrumentos musicais da escola. Como há um grande número de alunos por sala (por volta de 20 alunos), sempre é feito um jogo de escolha para que cada criança possa selecionar um instrumento e assim experimentar e explorar diferentes tipos de instrumentos musicais durante as aulas. Geralmente utilizava-se a música *Bambu Tirabu* para esse fim: "*Bambu, tirabu, aroeira, mantegueira, tirará o .... (nome da criança) para ser bambu*".

No entanto, a equipe da EM João Gualberto buscava uma alternativa diferente e criativa para a escolha e exploração dos instrumentos musicais da escola. Então, algumas professoras lembraram-se de um jogo de domínio público chamado *A Bola*: "*A bola vai passando, vai passando sem demora. Passe a bola para ver quem fica fora*". A partir dessa música surgiu a idéia de adaptar este jogo para a necessidade da equipe.

Surgiram várias propostas e possibilidades. Finalmente chegou-se ao consenso de criar uma bola facetada com fotos dos instrumentos musicais da escola e adaptar a letra da música para o novo jogo que surgia. Pensou-se em criar um dado, mas a bola facetada trazia a possibilidade de

Brincando e aprendendo: um novo olhar sobre o ensino de música
Bola facetada musical
EM Prof. João Gualberto Mafra Machado
2. Faixa etária indicada | 3. Objetivos | 4. Materiais que fazem parte do jogo

utilizar um número maior de instrumentos musicais (20 instrumentos). A partir desta ideia, a música *A Bola* foi adaptada da seguinte forma: *"A Bola vai passando, vai passando sem parar. Passe a bola para ver quem vai tocar"*. E foi assim que surgiu este jogo tão interessante e prazeroso.

2. Faixa etária indicada

A partir de 3 anos

3. Número de jogadores

Até 30 participantes[1], já que a escola tem mais de uma unidade de alguns dos instrumentos musicais.

4. Materiais que fazem parte do jogo

- Bola Facetada Musical contendo fotos de instrumentos musicais.
- Legenda com os instrumentos musicais contidos na bola e respectivos nomes.
- Partitura da canção que acompanha o jogo.

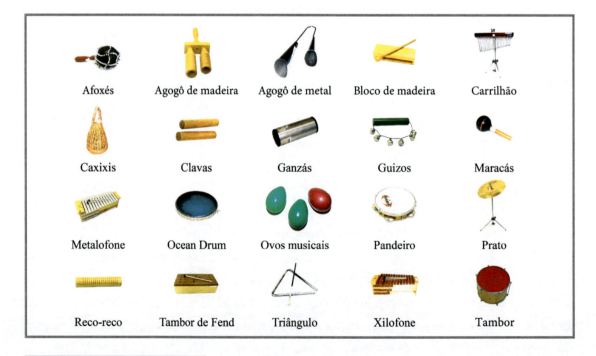

---

1 Foi sugerido o número de até 30 participantes, que é o número máximo de alunos por classe da escola em que o jogo surgiu. Porém, é importante observar que a escola já desenvolve um trabalho musical há 3 mais de três anos, e, assim, é possível realizar uma atividade com a turma toda. No entanto, é preciso adequar o jogo à realidade de cada escola. Com as crianças pequenas (de 3 a 5 anos), talvez seja interessante realizar o jogo em pequenos grupos de 10 alunos, por exemplo.

Brincando e aprendendo: um novo olhar sobre o ensino de música
Bola facetada musical
EM Prof. João Gualberto Mafra Machado
5. Objetivos | 6. Conteúdos | 7. Como jogar

5. Objetivos

- Cantar e passar a bola no pulso da música.
- Reconhecer o nome e o timbre dos instrumentos musicais da escola.
- Saber improvisar (livremente) nos instrumentos musicais da escola.
- Acompanhar a canção com qualquer dos instrumentos musicais da escola, tocando no pulso ou no ritmo da música.
- Desenvolver a escuta e atenção, percebendo a alternância som/silêncio e fazendo a associação com movimentos de pegar e passar a bola.

6. Conteúdos

- Canto conjunto
- Pulso
- Ritmo
- Nomes e timbres de instrumentos musicais
- Atenção / prontidão
- Improvisação e execução instrumental
- Socialização
- Percepção visual e sonora

7. Como jogar

1) Formar um círculo com as crianças.

2) Organizar os instrumentos musicais contidos na bola facetada ao redor do círculo.

3) Cantar a "canção do jogo" ("*A bola vai passando, vai passando sem parar. Passe a bola para ver quem vai tocar.*") e ir passando a bola de mão em mão no pulso na música.

Brincando e aprendendo: um novo olhar sobre o ensino de música
Bola facetada musical
EM Prof. João Gualberto Mafra Machado

A Bola
Adaptada, Compositor Desconhecido

4) A criança que ficar com a bola na mão deverá jogar a bola no chão e dizer o nome do instrumento musical que estiver estampado na parte superior e central da bola.

5) Após dizer o nome, a criança deverá ir até os instrumentos musicais ali organizados e improvisar no instrumento sorteado.

6) A criança que acabou de tocar seu instrumento, deverá acompanhar a continuidade do jogo, tocando seu instrumento no pulso ou desenho rítmico da música. Orientar a criança para que toque acompanhando a música, somente após o improviso.

7) Em caso de sortear um instrumento mais vezes do que a quantidade disponível, jogar novamente.

8) O jogo termina quando todas as crianças saírem da roda e estiverem tocando instrumentos musicais.[2]

Variações:

- A Bola Facetada pode ser utilizada na distribuição de instrumentos, quando mais de uma criança optar pelo mesmo.

- Pode-se também brincar com este jogo utilizando uma bola normal. A criança que ficar com a bola poderá escolher qual instrumento tocará.

---

2 O ideal é realizar esta atividade com dois professores na sala. No caso da EM Prof. João Gualberto Mafra Machado estavam presentes a professora de sala e a pesquisadora estagiária de música. Caso não exista tal possibilidade, o professor deverá auxiliar a utilização dos instrumentos musicais e incentivar a autonomia da roda cantada.

- Caso não haja instrumentos musicais na escola, estes podem ser construídos, ou pode-se brincar da seguinte forma: *"A bola vai passando, vai passando sem parar. Passe a bola para ver quem vai cantar/ dançar/ imitar..."*

Obs: Caso os alunos ainda não saibam o nome dos instrumentos musicais, a professora deverá apresentá-los às crianças e pedir que identifiquem os instrumentos pela percepção visual.

8. Fundamentação Teórica

A Educação Infantil é um momento propício ao brincar e as atividades ocorrem de forma lúdica e prazerosa. Vigotsky (1989) considera o brinquedo como fundamental no desenvolvimento das crianças:

> É enorme a influência do brinquedo no desenvolvimento de uma criança [...] é no brinquedo que a criança aprende a agir numa esfera cognitiva, ao invés de numa esfera visual externa, dependendo das motivações e tendências externas, e não dos incentivos fornecidos pelos objetos externos. (VIGOTSKY, 1989, p. 109)

Dentro deste contexto, as brincadeiras cantadas também são especialmente significativas no desenvolvimento das crianças. Lydia Hortélio (1977) considera o valor dos brinquedos com música na infância:

> Os brinquedos com música fazem parte da vida da criança desde muito cedo [...] Toda criança gosta de música, poesia, brinquedo... Não será, pois, oportuno, favorecer-lhes a índole e levá-las a tocar seu destino com confiança? (HORTÉLIO, 1977 apud BRITO, 2003. p.95).

A partir do jogo "Bola Facetada Musical", as crianças têm a possibilidade de explorar diversos instrumentos musicais. Segundo Aronoff (1974), os instrumentos musicais podem ser fundamentais no desenvolvimento musical das crianças:

> Através da exploração dirigida e da discussão, a criança pode adquirir habilidade no controle do som e do silêncio dos instrumentos, e pode conseguir certa compreensão da importância musical de cada um destes. (ARONOFF, 1974, p.42)

Enfim, este jogo desenvolve duas questões fundamentais no desenvolvimento musical de crianças de Educação Infantil: o brincar com música e a exploração instrumental. Então, acredita-se que este jogo pode ser essencial no desenvolvimento musical e global das crianças:

> Brincar é, para mim, o último reduto de espontaneidade que a humanidade tem. [...] Um grande homem alemão, que se chama Friedrich Schiller, diz o seguinte: "O homem só é inteiro quando brinca, e é somente quando brinca que ele existe na completa acepção da palavra Homem". (HORTÉLIO, 2004, p.23)

10. Referências

ARONOFF, F.W. **La música y el niño pequeño.** Buenos Aires: Ricordi., 1974.

BRITO, Teca Alencar de. **Música na Educação Infantil: propostas para a formação integral da criança.** São Paulo: Peirópolis, 2003.

ROSA, Maria Alice. Entrevista - Lydia Hortélio. **Revista Pátio Educação Infantil.** Porto Alegre, Ano I Nº3, p. 21-24, dez 2003/ mar 2004.

VIGOTSKY, L. **A formação social da mente.** São Paulo: Martins Fontes, 1987.

11. Autores

Música / Pesquisadora Estagiária
Wasti Silvério Ciszevski

Professoras
Helena Miyuki Kawada
Mariangela Cabral Dias Caldas

Boliche dos sons

CCII Ignêz Maria de Moraes Pettená

1. Introdução

O jogo sonoro transgride o momento da brincadeira e torna-se um material de suporte valioso nas aulas de música e na vida diária. A curiosidade de tocar, conhecer, experimentar os sons de determinados instrumentos, transforma o jogo em uma construção interessante e prazerosa aos alunos, fazendo-os brincar com a exploração sonora e instrumental.

O jogo *Boliche dos Sons* foi desenvolvido a partir de ideias de professoras e Auxliares de Desenvolvimento Infantil (ADIS) do CCII Ignêz Maria de Moraes Pettená. A criação surgiu de um conjunto de projetos interdisciplinares realizados na escola, sendo que um deles tinha como foco a reutilização de materiais recicláveis. Assim, os professores e ADIs tiveram a ideia de articular uma brincadeira estimulante e agradável para as crianças, com os conhecimentos da linguagem musical que contribuíssem para a formação de uma prática musical e para a consciência das possibilidades de reutilização de materiais. Desta forma, o jogo foi confeccionado com garrafas Pet pintadas em diferentes cores, recorte de figuras de instrumentos musicais e uma bola feita de jornal e meia fina.

Brincando e aprendendo: um novo olhar sobre o ensino de música
Boliche dos sons
CCII Ignêz Maria de Moraes Pettená

2. Faixa etária | 3. Número de jogadores | 4. Materiais que fazem parte do jogo | 5. Objetivos | 6. Conteúdos

2. Faixa etária

3 a 4 anos

3. Número de jogadores

Mínimo: 02 jogadores
Máximo: 20 jogadores.

4. Materiais que fazem parte do jogo

- 06 Pinos de plástico de diferentes cores (garrafas tipo Pet) contendo imagens de figuras de instrumentos musicais.
- 01 bola de tamanho pequeno feita de jornal, envolvida em meia fina (uso de material reciclável).

5. Objetivos

- Associar e Reproduzir os sons a partir da imagem.
- Explorar a sonoridade dos instrumentos musicais de forma lúdica e prazerosa.
- Propiciar o desenvolvimento integral das crianças por meio do fazer e do apreciar em música.

6. Conteúdos

- Socialização
- Percepção visual
- Discriminação sonora

- Memória auditiva
- Concentração
- Coordenação motora
- Exploração e reprodução de diferentes sons
- Manuseio/exploração de instrumentos musicais

7. Modo de jogar

- *Organização*: Os pinos devem ser organizados no chão em forma de triângulo com espaçamento entre eles. As crianças são divididas em dois grupos para acomodá-las sentadas em fila na lateral da pista central. O professor poderá demarcar o espaço para o jogo e orientar sobre as regras do boliche.

Organização do espaço:

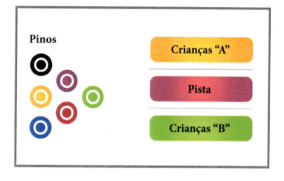

- *O jogo*: Uma criança de cada vez (alternando a fila A e a fila B) joga a bola e tentará derrubar um pino. Em seguida, verificará qual pino derrubou e qual instrumento o pino representa. O aluno deverá identificar o instrumento primeiramente, e logo depois, buscá-lo para produzir o som.

Observação: Caso a criança derrube mais de um pino, o jogador deverá escolher apenas um para dar continuidade à partida.

8. Fundamentação Teórica

O trabalho com bebês e crianças pequenas necessita que se procure, cada vez mais, formas de atrair a atenção da criança. Para isso, é importante que a aula seja dinâmica e passe por atividades diversas, de modo que o ambiente possibilite uma rica exploração e vivência musical para elas.

Nesse trabalho, um grande auxílio para o professor são materiais que provocam a curiosidade e o interesse das crianças. Esses materiais são muitas vezes simples. O que lhes dá valor não é o material em si, mas a forma como esse material é utilizado. Isso nos faz refletir sobre a contextualização desse material junto à realidade da criança, o momento e os conteúdos que pretendemos trabalhar.

Para tanto, é importante procurar entender como os bebês e as crianças pequenas interagem com a música e como ocorre seu desenvolvimento musical.

Segundo o educador musical Keith Swanwick, esse desenvolvimento ocorre em forma espiral passando por alguns níveis, sendo eles: material (sensório e manipulativo), caráter expressivo (pessoal e vernácula), forma (especulativa e idiomática) e valor (simbólico e sistemático).

> A garatuja sonora do bebê e da criança pequena sintoniza-se com o modo como ela explora os materiais sonoros que tem em mão, com a exploração de sons vocais com que se entretém por longos períodos, sem que importe o resultado e sem que o uso de *regras gramaticais* dessa linguagem faça o menor sentido, como, aliás, só poderia ser. Importa explorar os materiais, imitar a ação, nessa fase que o pedagogo e pesquisador musical inglês Keith Swanwick chama de *manipulativa*, com ênfase na exploração dos materiais, e que, para François Delalande, corresponde ao período de exploração sensório-motora, ambos apoiando-se nas pesquisas de Jean Piaget. (BRITO, 2003, P.43)

Portanto a busca por uma melodia mais trabalhada ou maior conhecimento da forma e estrutura musical deixa de ser o foco para esta faixa etária sendo a exploração sonora sua característica fundamental da produção musical (BRASIL, 1998).

As possibilidades de trabalho com a exploração sonora são inúmeras. O ambiente, os instrumentos musicais, os objetos cotidianos, a voz, o corpo e outras diversas fontes de som podem ser fruto de um trabalho de exploração sonora. Mas, apenas por meio dessa abordagem contextualizada podemos propiciar ao aluno uma exploração, bem como uma discriminação sonora mais completa.

> Ouvir e classificar os sons quanto à altura, valendo-se das vozes dos animais, dos objetos e máquinas, dos instrumentos musicais, comparando, estabelecendo relações e, principalmente, lidando com essas informações

> em contextos de realizações musicais pode acrescentar, enriquecer e transformar a experiência musical das crianças. A simples discriminação auditiva de sons graves ou agudos, curtos ou longos, fracos ou fortes, em situações descontextualizadas do ponto de vista musical, pouco acrescenta à experiência das crianças. (BRASIL, 1998, p. 60)

É impossível falar em um trabalho contextualizado com as crianças se ele não estiver contextualizado para o próprio educador. É extremamente importante que a escola busque sempre manter um ambiente com muitas possibilidades de interação junto ao professor. Apenas assim o professor pode refletir sobre como suas ideias podem auxiliar nos projetos da escola junto às crianças, sendo instrumento mediador entre o macro, representado pela escola e seus projetos e o micro, representado pelas crianças com suas características individuais.

Então, é necessário que a direção da escola esteja sempre atenta à realidade de seus alunos e professores, para pensar junto a eles os temas a serem desenvolvidos. Cada escola possui suas características próprias e assim, suas próprias necessidades.

Uma dessas necessidades é um maior cuidado com o meio ambiente, uma reflexão acerca dos diversos meios de poluição e algumas formas de transformar hábitos para evitar essas poluições. A redução do lixo e reutilização de materiais é um ponto que deve ser sempre repensado, pois estamos em um momento em que não podemos criar mais lixo.

> O trabalho musical a ser desenvolvido nas instituições de educação infantil pode ampliar meios e recursos pela inclusão de materiais simples aproveitados do dia-a-dia ou presentes na cultura da criança. (BRASIL, 1998, p.72)

Só assim podemos pensar em uma educação musical, uma educação pela música, de forma que um jogo de exploração e discriminação sonora não seja fragmentado, mas contextualizado à realidade da criança, do professor e da escola.

9. Para saber mais

- **Imitação sonora:** Produção ou experimentação de sons por repetição do modelo musical.
- **Memória visual:** Capacidade de reter imagens e associá-las posteriormente.
- **Memória auditiva:** Capacidade de reconhecer sons conhecidos anteriormente e associá-los ao momento vivenciado.

- **Percepção visual:** Capacidade de atribuir propriedades ao objeto visualmente, perceber semelhanças e distinguir diferenças.
- **Discriminação sonora:** Capacidade de perceber o som, reconhecer características específicas da sonoridade e estabelecer diferenças.

10. Referências

ARGENTINA, Gobierno de La Ciudad Autónoma de Buenos Aires. **Diseño Curricular para La Educacion Inicial.** Buenos Aires: Dirección de Currícula, 2000.

BRASIL, MINISTÉRIO DA EDUCAÇÃO. **Referencial Curricular Nacional para a Educação Infantil.** Brasília: MEC/SEF, 1998. (v.3)

BRITO, Teca Alencar de. **Música na Educação Infantil: propostas para a formação integral da criança.** 2ª edição. São Paulo: Peirópolis, 2003.

FERES, Josete S. M. **Bebê, música e movimento.** Jundiaí-SP: Editora da autora, 1998.

SWANWICK, Keith. **Música, pensamiento y educación.** Madrid: Ed. Morata, 1991

11. Autores

Diretora
Eulália Anjos Siqueira

Pesquisadores Estagiários
André José Rodrigues Júnior
Sidney Pontes

Professoras
Ivani Mendes Pinto

Auxiliares de Desenvolvimento Infantil
Claudiceia Lagos Ribeiro da Silva
Cristina Iacomini de Campos
Maria Lúcia de Souza Correa

Brincando com Pedro, o Lobo e a Orquestra Sinfônica

CCII Dr. Argêu Batalha

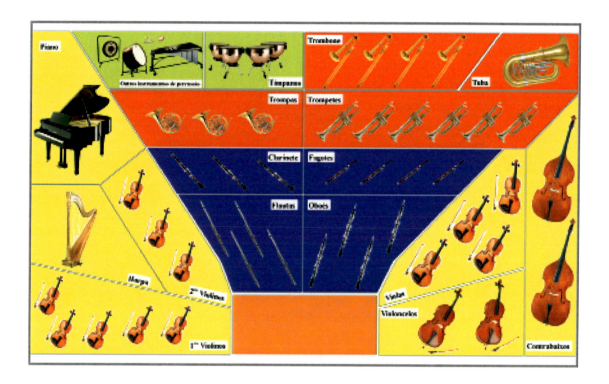

1. Introdução

A música orquestral e a música erudita ainda encontram dificuldades de compor o universo escolar, principalmente na Educação Infantil. Esse fato se deve, muitas vezes, à falta de um contato maior dos educadores com essa vertente musical e de recursos pedagógicos que facilitem o relacionamento desse assunto com alunos de faixas etárias iniciais.

Utilizando a peça *Pedro e o Lobo*, uma equipe da CCII Dr. Argêu Batalha criou um jogo didático voltado para crianças a partir de 4 anos, no fim de 2007 e início de 2008. Nesta ocasião, as crianças desta instituição também brincaram com esse jogo, passando pela aprovação dos mesmos.

Na obra sinfônica *Pedro e o Lobo*, composta por Sergei Prokofiev em 1936 e direcionada às crianças com intenções pedagógicas, os personagens são representados por temas musicais e instrumentos da orquestra, da seguinte forma:

Brincando e aprendendo: um novo olhar sobre o ensino de música
Brincando com Pedro, o Lobo e a Orquestra Sinfônica
CCII Dr. Argêu Batalha

2. Faixa etária | 3. Número de jogadores | 4. Materiais que fazem parte do jogo

- *Pedro:* quarteto de cordas (2 violinos, 1 viola, 1 violoncelo)
- *Lobo:* trompas
- *Sacha, o Passarinho:* flauta
- *Sonia, a Pata:* oboé
- *Ivan, o Gato:* clarinete
- *Avô:* fagote
- *Caçadores:* tímpanos

2. Faixa etária

A partir de 4 anos.

3. Número de jogadores

A partir de 7 jogadores

4. Materiais que fazem parte do jogo

- Quebra-cabeça com a formação comum de uma orquestra sinfônica. (Apresentado no início deste capítulo.)
- Personagens da história *Pedro e o Lobo* e os instrumentos que representam.

Brincando e aprendendo: um novo olhar sobre o ensino de música
Brincando com Pedro, o Lobo e a Orquestra Sinfônica
CCII Dr. Argêu Batalha
5. Objetivos | 6. Conteúdos | 7. Como jogar

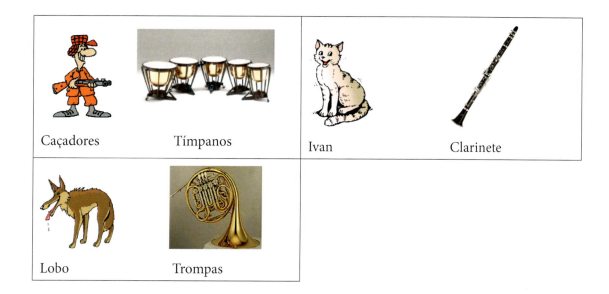

5. Objetivos

- Apreciar música erudita.
- Conhecer a orquestra sinfônica

6. Conteúdos

- Timbre
- Conhecimento da orquestra e seus instrumentos.
- Apreciação de peças musicais sinfônicas.
- Percepção sonora e musical.

7. Como jogar

- Ouvir os instrumentos e as famílias dos instrumentos da orquestra, utilizando fontes variadas como o cd do livro *A orquestra Tintim por Tintim*, de Liane Hentschke e outros.
- Durante a audição utilizar as partes do quebra-cabeça que contém imagens dos instrumentos correspondentes e assim montá-lo como uma orquestra.
- Associar os instrumentos da orquestra com os personagens da história *Pedro e o Lobo*. Contá-la de diferentes formas: com o cd *Pedro e o Lobo*; com o vídeo de mesmo nome;

com a narração do professor; com dramatização; demonstrando os sons dos instrumentos, utilizando trechos de outras obras instrumentais, em que os mesmos apareçam de maneira clara, entre outras.

- Os personagens que acompanham o jogo serão dispostos pelas crianças sobre as peças do quebra-cabeça montado, onde estiver o instrumento e sua família correspondente.

O jogo poderá ter vários desdobramentos tais como:

- *Registros gráficos realizados de forma coletiva ou individual:*

Ao contar a história, a mesma pode ser representada por símbolos desenhados ou escritos na lousa ou em cartaz, por todo o grupo ou individualmente.

- *Relação com outras linguagens artísticas como artes visuais e cênicas:*

Pode-se fazer uma representação da história com esculturas de argila ou massinha, teatro, desenhos ou mesmo pela sistematização da história em forma de livro, como ocorreu na CCII Dr. Argêu Batalha.

- *Relação com outras áreas do conhecimento:*

O tema da história pode ser estendido às outras áreas do conhecimento ao trabalhar o meio ambiente em que se passa a história, enumerando os instrumentos da orquestra, transcrevendo a história, criando outras possibilidades textuais etc.

- *Associação das peças do quebra-cabeça com outras músicas orquestradas.*

8. Fundamentação Teórica

A convivência com estilos musicais diferentes, bem como a variedade de fontes sonoras, amplia as possibilidades de desenvolvimento das crianças e abre um grande leque de trabalho para o professor.

Segundo BRITO (2003, p.28):

> ...tão importante quanto conhecer e preservar nossas tradições musicais é conhecer a produção musical de outros povos e culturas e, de igual modo, explorar, criar e ampliar os caminhos e os recursos para o fazer musical.

O contato com a orquestra sinfônica traz consigo diversos temas como o conhecimento de diferentes instrumentos musicais e as formas de produção dos sons, a organização que se faz necessária para o fazer musical, um repertório vasto que pode percorrer diferentes épocas da história da música, entre outros.

Escolhemos o poema sinfônico Pedro e o Lobo por ter sido em sua natureza pensado para apresentar a orquestra a crianças, por meio de uma história. Alguns instrumentos musicais passam a ser conhecidos e suas famílias podem ser ouvidas: família das cordas, das madeiras, dos metais, da percussão)

O jogo *Brincando com Pedro, o Lobo e a Orquestra Sinfônica* oferece um suporte visual para que a criança, além de ouvir os instrumentos, possa visualizá-los, possa agrupá-los por família, localizá-los na orquestra e sentir um pouquinho o funcionamento desse tipo de grupo musical.

9. Para saber mais

Orquestra sinfônica: Uma **orquestra** é um agrupamento instrumental utilizado, sobretudo, para a execução de *música erudita*. Às pequenas orquestras dá-se o nome de *orquestras de câmara*. Às orquestras completas dá-se o nome de *orquestras sinfônicas* ou *orquestras filarmônicas*; embora estes prefixos não especifiquem nenhuma diferença no que toca à constituição *instrumental* ou ao papel da mesma, podem revelar-se úteis para distinguir orquestras de uma mesma localidade.

Música erudita: Música clássica ou **música erudita** (do latim, *eruditus*, "educado" ou "instruído") é um termo amplo utilizado costumeiramente para se referir à música academicamente estudada, em sua forma, estilo e analisada dentro das tradições, seguindo cânones preestabelecidos no decorrer da história da música; produzida (ou baseada) nas tradições da música secular e litúrgica ocidental, englobando um período amplo que vai, aproximadamente, do século IX até a atualidade.

Peças musicais sinfônicas: músicas compostas ou arranjadas para serem tocadas por uma orquestra sinfônica.

Famílias dos instrumentos da orquestra:

- as **cordas** (violinos, violas, violoncelos, contrabaixos, harpas)

- as **madeiras** (flautas, flautins, oboés, corne-inglês, clarinetes, clarinete baixo, fagotes, contrafagotes)

- os **metais** (trompetes, trombones, trompas, tubas)

- os **instrumentos de percussão** (tímpanos, triângulo, caixas, bumbo, pratos, carrilhão sinfônico, etc.)

- os **instrumentos de teclas** (piano, cravo, órgão)

10. Referências

BRITO, T. A. **Música na Educação Infantil: propostas a formação integral da criança.** São Paulo: Peirópolis, 2003.

DISNEY, Walt. **Pedro e o Lobo.** Manaus: Videolar S.A., s/d. 1 VHS (Coleção Meus Contos Favoritos)

HENTSCHKE, L. et al. **A Orquestra Tintim por Tintim.** São Paulo: Moderna, 2005. Inclui 1CD.

HENTSCHKE, Liane; CUNHA, Elisa da Silva; DEL BEN, Luciana; KRUGER, Suzana Ester. **Em sintonia com a música.** São Paulo: Moderna, 2006. Inclui 1CD.

PROKOFIEV, SERGEI (compositor); LEE, RITA (intérprete) **Pedro e o Lobo.** São Paulo: EMI MUSIC, 2004. 1 CD.

SADIE, S. **Dicionário Grove de Música.** Rio de Janeiro: Jorge Zahar Editora, 1994.

11. Autores

Música / Pesquisadora estagiária
Camila Valiengo

Profesora de Educação Infantil
Priscilla Lafuente L. I. Jungers

Auxiliar de Apoio Administrativo
Rodolpho Jayme Pacca

Caixa sonora

EM Profa Maria Colomba Colella Rodrigues

1. Introdução

No final do ano de 2007, como proposta do Projeto *Tocando, Cantando, ...fazendo música com crianças*, a pesquisadora estagiária Luciana trouxe para a escola o desafio de que cada professora criasse um jogo musical ou material didático para dinamizar o trabalho com os alunos. Após verem vários exemplos, surgiram muitas ideias e cada professora confeccionou um ou mais jogos. No início do ano de 2008, retomamos este trabalho de criação e dentre todas as propostas, este material didático foi eleito para representar a escola pelo seu caráter diferenciado e único.

A primeira intenção ao trabalhar este tema corriqueiro em música era produzir um jogo para abordar as características do som através de cotidiáfonos. Visando este objetivo, surgiu a ideia de um livro sonoro, onde em cada página poderíamos experimentar uma característica do som. Após a confecção do protótipo deste livro, percebemos a dificuldade do manuseio e a fragilidade deste material. O pesquisador estagiário Carlos (então pesquisador estagiário de música

Brincando e aprendendo: um novo olhar sobre o ensino de música
Caixa sonora
EM Profa Maria Colomba Colella Rodrigues

2. Faixa etária | 3. Número de jogadores | 4. Materiais que integram a "Caixa Sonora"

nesta escola) sugeriu modificar o formato deste para uma caixa sonora, que seria mais funcional e durável. Iniciou-se, então, a confecção da caixa, transpondo de cada página do livro os mesmos mecanismos e materiais para as faces internas da caixa, formato que possibilitou acrescentar a Intensidade, agora atingindo todas as propriedades do som e de agrupamento de sons (Altura, Timbre, Intensidade, Duração e Densidade).

Todo esse processo foi feito em paralelo à experimentação do material com as crianças e o conhecimento adquirido foi compartilhado entre todos os professores.

2. Faixa etária indicada

Educação Infantil: 3 a 5 anos

3. Número de jogadores

1 ou 2 participantes

4. Materiais que integram a "Caixa Sonora"

Caixa onde cada face interna apresenta uma característica do som:

ALTURA - 4 caixas de fósforo encapadas e presas a fios de nylon, sendo 2 com arroz e 2 com pinos de plástico

DENSIDADE – 3 guizos fixados em fio de nylon e 12 guizos fixados em fio de nylon

DURAÇÃO - 2 tiras de papel ondulado, sendo uma de 6 cm e a outra de 18 cm coladas sobre papel e 1 palito de sorvete "baqueta" preso a um fio de nylon

TIMBRE – 2 cilindros de madeira, 2 tampinhas de metal

INTENSIDADE - 1 lata, elástico e arruela de metal.

5. Objetivos do material didático

- Ouvir, perceber, explorar e diferenciar as diversas características do som.
- Desenvolver a percepção e a memória auditiva.

6. Conteúdos do material didático

Propriedades do som:

- **Altura** (grave e agudo)
- **Intensidade** (forte e fraco)
- **Timbre** (característica que distingue cada som)
- **Duração** (som curto ou som longo)
- **Densidade** / propriedade de agrupamento de sons (quantidade de sons simultâneos)

7. Como utilizar

Altura - balançar as caixinhas e separar os sons agudos e os sons graves.

Densidade - balançar os cordões e perceber o maior ou menor agrupamento de sons.

Timbre - explorar os cilindros de madeira e as tampinhas de metal batendo uma contra a outra (madeira com madeira, tampinha com tampinha) para descobrir e perceber os sons diferentes.

Intensidade - puxar a argola e soltá-la em várias alturas para perceber sons fortes e fracos.

Duração - passar o palito de sorvete sobre as tiras de papel ondulado e perceber a duração do tempo.

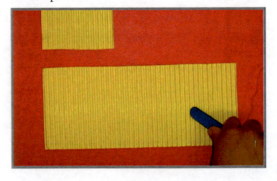

8, Fundamentação Teórica

De acordo com o Referencial curricular para a Educação Infantil (RECNEI)

> ...o que caracteriza a produção musical das crianças nesse estágio é a exploração do som e suas qualidades – que são altura, duração, intensidade e

Brincando e aprendendo: um novo olhar sobre o ensino de música
Caixa sonora
EM Profa Maria Colomba Colella Rodrigues

> timbre – [...] importa explorar livremente os registros grave e agudo (altura), tocando forte ou fraco (intensidade), produzindo sons curtos ou longos (duração).(BRASIL, 1998, p. 51-52)

Este material Didático tem por objetivo demonstrar justamente estas qualidades do som, apresentando isoladamente cada uma das cinco características, tornando-as mais claras. É importante que estas características sejam exploradas informalmente por meio da variação de cada uma delas em atividades lúdicas, em que esta variação faça parte de um contexto musical significativo e rico para a criança.

> Uma aprendizagem voltada apenas para os aspectos técnicos da música é inútil e até prejudicial, se ela não despertar o senso musical, não desenvolver a sensibilidade. Tem que formar na criança o musicista, que talvez não disponha de uma bagagem técnica ampla, mas será capaz de sentir, viver e apreciar a música. (JEANDOT, 1997, p. 21)

A classificação escolhida para as qualidades do som e de seu agrupamento partiu de ALVIM; BORGES; MIRANDA (2007), sendo elas: timbre, altura, duração, intensidade e densidade. Esta escolha se deu pela proximidade que todos os envolvidos no Projeto – professores, coordenadores, ADIs, diretoras e pesquisadores-estagiários – já demonstram.

BRITO (2003), apoiada em Swanwick e Delalande, diz que a fase que engloba desde o bebê até a criança pequena é a de manipulação, de exploração de materiais. E a variação livre destes parâmetros do som seria a maneira de fazer música sintonizada com estas crianças, que se encantam a partir do impreciso que produzem, aprendendo e vivenciando sua música. Desta visão, o jogo torna-se um fator organizador das construções de hipóteses da criança, auxiliando-a em seu contínuo movimento de aprendizagem.

> [...] a escuta envolve interesse, motivação, atenção. É uma atitude mais ativa que o ouvir, pois selecionamos, no mundo sonoro, aquilo que nos interessa.[...] A escuta envolve também a ação de entender e compreender, ou seja, de tomar consciência daquilo que se captou através dos ouvidos. (JEANDOT, 1997, p. 21)

Em suma, este jogo auxilia selecionando antecipadamente os sons que recebemos dirigindo a escuta para as características deste, facilitando o processo de comparação entre esses dois sons e, consequentemente, a compreensão da respectiva qualidade.

9. Para saber mais

- **ALTURA** - A altura se refere à qualidade do som como grave ("som grosso") ou agudo ("som fino"). Não confunda! Altura não se refere a volume...

- **INTENSIDADE** - O som pode ser forte ou fraco. Mas lembre-se de que quando tocamos um instrumento ou cantamos, precisamos de maior ou menor força (volume) na pressão de ar, nas cordas, nas teclas ou na voz.

- **TIMBRE** - É a qualidade de som que nos faz diferenciar uma fonte sonora de outra, é o que dá ao som "cores" características muito particulares. Graças à diferença de timbres é que conseguimos identificar quem está falando conosco ao telefone, ou que sabemos a diferença entre o som de uma flauta ou de um tambor.

- **DURAÇÃO** - Essa qualidade se refere a quanto tempo o som soa. O som pode ter uma duração longa ou curta, de acordo com o material ou tipo de emissão. Por exemplo, uma mesma nota musical tocada no metalofone e no xilofone, quando executadas na mesma intensidade, apresentam sons com durações diferentes. Também podemos cantar sons mais longos ou mais curtos.

- **DENSIDADE** - Refere-se à quantidade de sons que soam ao mesmo tempo. Podemos perceber isso quando estamos no centro de uma cidade ou na zona rural; ou quando ouvimos um conjunto com vários instrumentos, ou apenas uma dupla musical."

(ALVIM; BORGES; MIRANDA. In: FERNANDES (Coord.), 2007, p. 61 e 62)

10. Referências

ALVIM; BORGES; MIRANDA. Hã? Hein? Traduzindo o musiquês. In: FERNANDES (Coord.) **Cadernos Tocando e Cantando. N.1.** Mogi das Cruzes: Prefeitura Municipal de Mogi das Cruzes, Secretaria Municipal de Educação de Mogi das Cruzes, 2007, p. 61 e 62.

ARONOFF, F. W. **La Música y el niño pequeno**. Buenos Ayres: Ricordi, 1974.

AKOSCHKY, Judith. **Cotidiáfonos.** Buenos Aires: Ricordi, 1988.

BRASIL. MINISTÉRIO DA EDUCAÇÃO. **Referencial Curricular Nacional para a Educação Infantil.** Brasília: MEC/SEF, 1998. (vol. 3)

BRITO, T. A. **Música na Educação Infantil: propostas para a formação integral da criança.** São Paulo: Peirópolis, 2003.

FERES, J. S. M. **Bebê: música e movimento: orientação para musicalização infantil.** Jundiaí/SP: Editora da autora, 1998.

JEANDOT, N. **Explorando o universo da música.** São Paulo: Scipione, 1997.

11. Autores

Diretora
Eliana Souza Coelho

Coordenadora Pedagógica
Patrícia de Cássia Barba Macedo

Pesquisador estagiário
Carlos Roberto Prestes Lopes

Colaboração no início da pesquisa
Pesquisadora estagiária
Luciana Massaro Cardoso Pereira de Souza

Professoras
Andréia Souza Guimarães
Clarice Alves de Siqueira Cardoso
Giane Nunes de Mello
Kátia Cristine Rodrigues Morais
Márcia Geny Dutra de Oliveira
Patrícia Costa de Barros
Valquíria Prestes Gonçalves da Silva

Cdrom de jogos

EM José Alves dos Santos

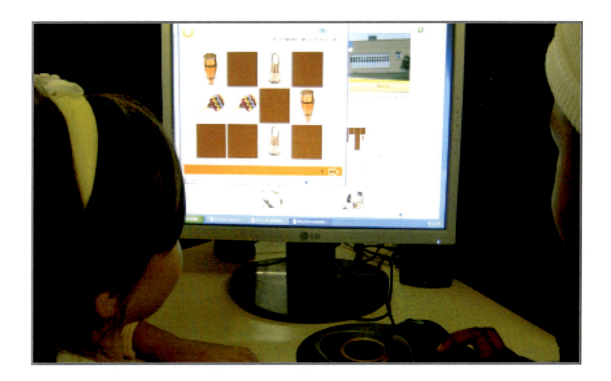

1. Introdução

A perspectiva de uma nova era, a modernização e a evolução da tecnologia caracterizam nossa época e proporcionam mudanças em vários segmentos da sociedade. A escola traz inovação, tecnologias, oferecendo espaços e programas computadorizados, software educacional e diferentes materiais que auxiliam o exercício e o uso desta nova ferramenta.

Em 2008, a Escola Municipal José Alves dos Santos recebeu novas instalações e entre estas uma sala para desenvolvimento de projetos em artes e uma sala de informática para atender alunos de educação infantil, entre de 3 a 6 anos. Institui de forma integrada ao seu Projeto Político Pedagógico os projetos especiais "Vivências com artes visuais" e "Vivendo a arte por meio da música", desenvolvidos a partir de um conjunto de exercícios com base no fazer, apreciar e contextualizar, respeitando as linguagens, materiais e especificidades de cada projeto. Mobilizou o desenvolvimento e a elaboração de ferramentas para ampliar a capacidade criadora, expressiva, auditiva, visual, psicomotora e de comunicação entre os alunos inclusive na sala de informática.

Brincando e aprendendo: um novo olhar sobre o ensino de música
Cdrom de jogos
EM José Alves dos Santos
2. Faixa etária | 3. Número de jogadores

Na série de jogos elaborados como material didático, a proposta culminou com a associação de atividades musicais vivenciadas e experimentadas a partir do conhecimento e do contato com diferentes instrumentos musicais e respectivas sonoridades. Utilizaram-se ritmos e repertório do cancioneiro da cultura popular brasileira.

Em decorrência dos 100 anos da imigração japonesa para o Brasil, vários jogos foram elaborados inserindo elementos desta cultura, tendo presentes, também, instrumentos musicais da cultura brasileira. Os jogos selecionados para o CDROM são populares, de conhecimento universal, com regras simples e utilizados com regularidade pelas crianças desta faixa etária, garantindo que atividades lúdicas presentes nas brincadeiras favoreçam o desenvolvimento dos conteúdos de cada segmento. Desta forma, habilidades para escuta ativa, memorização, discriminação auditiva, atenção, concentração, percepção rítmica, espacial e temporal, foram inseridas como atividades prazerosas e otimizadas em todos os espaços da escola.

Durante a elaboração dos jogos, foram apresentadas variações sonoras de timbres, duração, altura e intensidade dos instrumentos musicais. A elaboração das atividades virtuais de associações, pareamentos, memorização visual e auditiva, de análise-síntese surgiram por solicitação dos professores, propiciando a oportunidade e a possibilidade do uso do computador e seus periféricos.

A utilização de linguagem virtual para a execução dos jogos contou com auxílio do orientador de informática. Ele transcrevia as atividades executadas em sala de forma tradicional, em jogos conforme solicitação, culminando com o uso da linguagem virtual, interativa. Isso sem, no entanto, desconsiderar a importância da linguagem oral e escrita, das relações entre a prática e a aprendizagem significativa, numa visão sociointeracionista de processo de aprendizagem.

Ao final de cada jogada, poderá ser avaliado o desempenho de cada jogador por meio de uma tabela de dados de erros e acertos, descrição do número de jogadas realizadas e dados percentuais.

Os jogos envolvem palavras, que foram retiradas da Coleção "Histórias preferidas das crianças japonesas" de Florence Skade e Yoshisuke Kurosaki e do livro de Tatyana Belinki "O Samurai e a cerejeira" e são aproveitadas em rodas de conversa. As imagens utilizadas pertencem a sites livres e de fácil acesso.

2. Faixa etária indicada

A partir dos três anos.

3. Número de jogadores

O material sugere um, dois ou três por microcomputador.

4. Material do jogo

Este CDROM está indo sem necessidade de conexão com a internet para jogar e facilitar para quem está utilizando. Contendo uma faixa de CDROM com 5 jogos, foi desenvolvido com software de autoria _ LIM_ www.educalim.com e ADOBE Flash que pode ser baixado e instalado gratuitamente pelo site www.adobe.com

5. Objetivos

- Desenvolver a memória visual e auditiva, além da noção espacial ao visualizar e identificar os instrumentos musicais iguais.
- Relacionar as imagens dos instrumentos musicais aos sons que produzem.
- Trabalhar com a linguagem musical: timbre, altura, intensidade e duração dos sons.
- Organizar as letras para compor as palavras. Associar as sílabas emitidas oralmente às sílabas escritas, reconhecendo as letras do alfabeto.
- Identificar e organizar as sílabas das palavras, na ordem sequencial da oralidade.
- Analisar e montar imagens de símbolos de origem japonesa.
- Oferecer ao aluno o acesso e utilização de materiais e recursos de computação, com a possibilidade de manusear periféricos como teclado e mouse.

6. Conteúdos

- Imagens e nomes de instrumentos musicais.
- Timbres de instrumentos musicais.
- Algumas imagens e aspectos da cultura japonesa.
- Conexão da palavra escrita com respectiva imagem.
- Letramento – alfabeto, vogais, consoantes e sílabas das palavras.
- Desenvolvimento da consciência fonológica para a leitura e escrita

7. Como jogar

1º - JOGO DA MEMÓRIA

Inicia-se o jogo com as cartas ocultas.

A jogada consiste em clicar em uma carta para vê-la e depois em outra. Se estas forem iguais ficarão visíveis, caso sejam cartas de figuras diferentes, o jogador deverá clicar em outra carta para reiniciar a partida até que encontre duas figuras iguais. Quando todos os pares tiverem sido encontrados o jogo termina com aplausos para o jogador.

As figuras selecionadas correspondem a instrumentos musicais de percussão tais como tambor, agogô, pandeiro, etc. As figuras japonesas correspondem a símbolos de representação da cultura japonesa e ideogramas

2º - QUEBRA CABEÇA

Neste jogo, o objetivo é montar a cena clicando nas partes da imagem e arrastando-as de forma a obter a imagem completa. Foram utilizados temas e imagens japonesas como Monte Fujiama, Templo budista Hongaji e o desenho animado do tipo Mangá do Pokemom. Essas imagens poderão também ser usadas para a criação de histórias sonorizadas.

3º - JOGO DE PAREAMENTO

Trata-se de arrastar o nome do instrumento à figura correspondente, encaixando-as. Para isto, clicar nas palavras e arrastá-las até a imagem. É necessário clicar no botão de verificação para saber se as palavras correspondem às imagens; se não coincidirem, as palavras retornam à posição inicial automaticamente.

4º - JOGO DE PALAVRAS

Montar Palavras: neste jogo, o jogador deverá compor as palavras que estão com as letras embaralhadas clicando sobre as mesmas e arrastando-as até aos quadros na sequência correta. A sequência encontra-se visível, associada à figura. As palavras utilizadas são: quimono, cerejeira, crisântemo, Taiko, samurai, Fujiama, carpa. É necessário clicar no botão de verificação para saber se a palavra está correta. Caso não esteja, as letras retornarão e se iniciará um novo jogo.

5º - JOGO DE ASSOCIAÇÃO IMAGENS E SONS

Galeria de sons: Instrumentos Musicais. Nesta atividade basta clicar nas imagens para que os sons dos respectivos instrumentos sejam executados, possibilitando a diferenciação do timbre dos instrumentos.

8. Fundamentação Teórica

As práticas educativas desta escola enfatizam um currículo compartilhado e flexível às interações intelectuais, as quais permitam ao aluno transitar do seu contexto local para o global, contribuindo para a ampliação de seu universo cultural. A utilização da tecnologia como forma de acesso e inserção social favorece a construção das estruturas lógicas do pensamento, do processo de letramento, a incorporação de competências e incentivo às atividades lúdicas, a descoberta, a pesquisa e a participação ativa no seu ambiente físico e social. Para PÈRISSÉ (2001, p.30-33)

> ...em nossa escola as crianças são incentivadas a se aproximar da máquina sem medo (....) elas precisam interagir (...) utilizando a única fórmula que se conhece para produzir conhecimento, "o pensar" (...) o contato maior que as crianças mantêm com o computador são com os jogos (...)

As crianças que possuem acesso a computadores têm mais oportunidade de usar a informática nas suas descobertas, dominando a coordenação motora com motricidade e destreza, a digitalização e o uso de elementos específicos da tecnologia computadorizada. Aquelas que não possuem este acesso não podem ficar a mercê da marginalidade. Assim, cabe à escola possibilitar em seus espaços pedagógicos a apropriação desta ferramenta e se as condições favorecem os trabalhos lúdicos, agradáveis e significativos, cumpre sua função de inclusão social.

A prática de atividades diferenciadas e contextualizadas parte do pressuposto segundo o qual a música é uma linguagem que compartilha elementos orais, icnográficos, visuais, sonoros e sensitivos capazes de instrumentalizar a criança na construção de seus conhecimentos. Segundo SALLES

> A música ajuda a afinar a sensibilidade de seus alunos, aumenta a capacidade de concentração, desenvolve o raciocínio lógico-matemático e a memória, além de ser um forte desencadeador de emoções. (1999, p.1-6)

Realizar este tipo de trabalho integrado e multidisciplinar com os alunos exercita habilidades que serão exigidas durante todo processo escolar e principalmente durante o processo de alfabetização, pois auxilia a percepção e utilização da métrica nas letras, e as noções de rima e ritmo para leitura. O cotidiano da Educação Infantil, repleto de possibilidades musicais, favorece situações a serem desenvolvidas por jogos convencionais ou não, que ampliam as condições de aprendizagem e principalmente a aprendizagem significativa.

A função social dos jogos e das brincadeiras deriva das possibilidades de criar, representar, aferir valores e significados. Com esta finalidade, desenvolver uma prática consistente, coerente e fundamental em relação à educação tecnológica e musical, exige profissionais engajados em pesquisas e que articulem o ideal e o realmente desejável para a educação.

> "Fazendo referencias a conteúdos, metodologias e estratégias que revelam, de um lado, posturas pedagógicas próprias do ensino de música (...) entende a música como linguagem e área cujo conhecimento a criança constrói." (BRITO, 2003, p 10)

9. Para saber mais

Periféricos: Em informática, o termo periférico aplica-se a qualquer equipamento acessório que seja ligado à unidade central de processamento, ou num sentido mais amplo, ao computador. São exemplos de periféricos as impressoras que recebem informação do computador e imprimem essa informação no papel, leitores ou gravadores de CD e DVD, disquetes, mouses que permite o envio de informações pela pressão de botões e teclados que envia ao computador informações digitadas pelo operador.

CD-ROM: (Compact Disc - Read Only Memory) é um disco compacto onde as informações só podem ser lidas, mas não gravadas pelo usuário, pois já é fabricado com um determinado conteúdo. É comum encontrar discos de CD-ROM com bibliotecas de imagens (clip arts), fotografias, enciclopédias, dicionários, também como componentes fundamentais para os sistemas de multimídia, que utilizam arquivos de vídeo e som.

10. Referências

ALMEIDA, Berenice S. de. **Fax musical: Dicas semanais para o ensino de Iniciação Musical. Módulo II - nº16.** São Paulo, maio 1997. (Mimeo)

ARONOFF,F.W. **La músiva y El nino pequeno**. Buenos Aires: Ricordi, 1974.

BRITO, Teca Alencar de. **Música na Educação Infantil: propostas para a formação integral da criança.** São Paulo: Peirópolis, 2003.

BRASIL. Ministério da Educação. **Referencial Curricular Nacional para a Educação Infantil.** Brasília: MEC/SEF, 1998.(vol.3)

BELINKI Tatyana, **O Samurai e a cerejeira.** São Paulo: FTD, 2002.

CHELOTTI, Vera L., MORAES Zilca R. **Cirandas, uma Nova proposta na aprendizagem psicomotora.** 2 ed. Rio de Janeiro: Revinter, 2003.

PÈRISSÉ, Paulo M. Informática na Educação infantil. In: **Revista Avisa-lá**. São Paulo, Ano II, nº 6, abril de 2001

SALLES, Juliana da Mota, PRADO, Ricardo. **Música, maestro!** Nova escola On-line, Educação Infantil, Ed/122, p. 1-6, 1999.

SKADE Florence e KUROSAKI, Yoshisuke. **Histórias preferidas das crianças japonesas.** São Paulo: JBC, 2005.

SITES

www.wikipedia.org

www.fundacaobradesco.org

www.educalim.com

www.tvcultura.com.br

www.ecokids.com.br

www.itaucultural.org.br

www.mac.usp.br

www.pinturabrasileira.com.br

www.tarsiladoamaral.com.br

www.buffcorp.com/images/pokemon.jpg

11- Autores

Diretora
Lucimara Ferreli de Campos Bueno Ferraz

Vice-diretora
Claudia Aparecida Lopes Aguiar

Coordenadora pedagógica
Tânia Cristina Mendonça Costa

Orientador de informática
José Pedro Mineiro de Souza

Música / Pesquisadora Estagiária
Luciana Cardoso Pereira de Souza

Professores
Adriana Alves Reis Cátia Roll Silva

Brincando e aprendendo: um novo olhar sobre o ensino de música
Cdrom de jogos
EM José Alves dos Santos

Carla da Silva Moreno de Carvalho
Dahyane Cristina Franco
Elisangela de Oliveira Souza
Fabiana de Oliveira Francisco
Gilda Maria Goreti de Souza Carvalho
Jeffrey Araújo de Arantes
Marília Vieira Nunes
Marisa Paraguai Fernandes
Renata Balog
Vanderlei Masotori
Raquel Ferreira Farnezi

Cuidar do amanhã...

EM Antonio Nacif Salemi

1. Introdução

Este jogo multidisciplinar foi idealizado a partir de uma composição realizada pelas crianças do Infantil IV, crianças de 4 anos, alunas da professora Edna, junto à pesquisadora estagiária Telma Cristina no ano de 2007. A partir da história do curupira, de nossa cultura de tradição popular, que é considerado como o protetor da floresta, as crianças foram formulando várias frases, compondo assim a música *Cuidar do Amanhã*.

Complementado, a professora Liliana junto a seus alunos fizeram uma pesquisa de sons, que podemos perceber na natureza com seus alunos do Infantil IV em 2007. Desta forma, a junção destas duas atividades deu origem a este jogo. A ilustração do tabuleiro foi proposta de atividade da professora Liliana sendo realizada pelos alunos do Infantil V (5/6 anos) de 2008, pois estes foram os que fizeram a composição da música e a pesquisa dos sons da natureza em 2007.

Brincando e aprendendo: um novo olhar sobre o ensino de música
Cuidar do amanhã...
EM Antonio Nacif Salemi

2. Faixa etária | 3. Número de jogadores | 4. Materiais que fazem parte do jogo |
5. Objetivos | 6. Conteúdos

2. Faixa etária indicada

A partir de 4 anos

3. Número de jogadores

2 a 4 participantes ou dois grupos com a mediação do professor

4. Materiais que fazem parte do jogo

- 2 dados

- 8 pinos coloridos

- CD (edição em vídeo com relatos dos professores e a música composta durante o processo)

- Instrumentos musicais (pau de chuva, reco-reco, tambor, atabaque, chocalho, coco).

- 2 tabuleiros

5. Objetivos

- Desenvolver a capacidade de escuta e atenção.

- Reconhecer diferentes timbres com a utilização de instrumentos musicais.

- Explorar sensações por meio da interpretação do jogo.

- Desenvolver na criança o conhecimento e a importância da ecologia acústica.

- Interagir com os outros e ampliar seu conhecimento de mundo.

6. Conteúdos

- Improvisação musical.

- Exploração de sons de instrumentos musicais.

- Timbre, altura, duração, intensidade.

7. Como jogar

Reforçando o trabalho desenvolvido com as crianças em relação à consciência do ambiente em que vivemos e que devemos cuidar, para termos uma condição de vida sustentável, o professor apresenta esse jogo de trilha para as crianças.

O jogo é fácil, de poucas regras e poderá ser jogado com dois a quatro participantes, ou também jogado por dois grupos com a mediação do professor. Isto é, ora um participante de um grupo joga o dado, ora outro do outro grupo e assim por diante, fazendo com que várias crianças participem do jogo. Para saber quem dará início ao jogo, orienta-se que cada participante jogue o dado e aquele que lançar o dado com maior quantidade será o primeiro.

As crianças percorrem a trilha jogando o dado: avançando o percurso se a indicação for positiva e retornando se a indicação for negativa, conforme disposto no tabuleiro e reforçando as ações citadas na letra da música *Cuidar do amanhã*. Ao parar em uma casinha que tiver marcada por notas musicais ou indicação do som, a criança deverá escolher o instrumento indicado para tocar. Este jogo é atrativo e dinâmico, pois as crianças sabem que terá um vencedor e para isto é preciso atenção e concentração, observando as ações que cada casinha propõe para ser executada. Ganhará quem percorrer todo percurso primeiro, conforme exposto a seguir:

1. Continuar (cuidar das árvores)
2. Passar o dado para o amigo (pare)
3. Voltar para o início (não queimar a floresta)
4. Continuar (cuidar dos bichos)
5. Andar quatro casas (cuidar do amanhã)
6. Escolher um instrumento (tocar lento/rápido)
7. Voltar três casas (não jogar o lixo)
8. Tocar o tambor (forte/fraco)
9. Andar três casas (cuidar dos rios)
10. Andar duas casas (som da chuva)
11. Andar duas casas (plantar a semente)

12. Tocar bem suave (instrumento que represente o som da chuva)

13. Continuar (regar a semente)

14. Jogar novamente (som do chocalho)

15. Andar duas casas (passeio pela floresta)

16. Assoprar bem suave (Imitar o som dos pássaros)

17. Andar uma casa (imitar o som do cavalo)

18. Tocar bem suave (som do vento)

19. Tocar o reco reco (imitar o sapo)

20. Andar quatro casas (cuidar do amanhã)

21. Escolher o instrumento correto ou voltar duas casas (tocar o atabaque)

22. Tocar (grave/agudo - metalofone)

23. Pular para a chegada (O vencedor deverá cantar a música tema do jogo.)

Música: Cuidar do Amanhã

Letra: alunos do Infantil IV- 2007 com Professora Edna Camillo

Música: Pesquisadora Estagiária Telma Cristina Militão de Oliveira

Cuidar das árvores

Não queimar floresta

Cuidar dos bichos

Não jogar o lixo

Cuidar dos rios

Plantar a semente

Regar a semente

Cuidar do amanhã (4 vezes)

Obs: Orienta-se que a equipe escolar disponha de vários exemplares de instrumentos, ou que sejam utilizados instrumentos musicais confeccionados com sucatas ou de materiais simples, cuidando para que haja vários instrumentos à disposição dos alunos.

8. Fundamentação Teórica

De acordo com o Referencial Curricular Nacional para Educação Infantil "... os jogos com movimentos são fontes de prazer, alegria e possibilidade efetiva para o desenvolvimento motor, rítmico, sintonizado com a música..." (RECNEI: 1998, p. 52)

Nas escolas de educação infantil, os jogos e as brincadeiras fazem parte do cotidiano escolar. Sendo assim, o educador deve proporcionar às crianças atividades lúdicas que desenvolvam a musicalidade, possibilitem a apreciação e produções musicais.

Segundo Souza (1999, p. 56) "... papel da escola é alargar e ampliar o horizonte de seus alunos". A música, neste contexto, pode ser um meio e também um fim. Ela favorece o desenvolvimento de linguagens expressivas, (oral, escrita, musical, corporal), da autoestima, do autoconhecimento, assim como da integração social.

A música faz parte da vida das crianças desde muito cedo. É importante que ela não seja utilizada somente priorizando o cantar, o dançar, e o tocar pelo tocar, mas promovendo situações em que a criança tenha contato com diversas sonoridades e estilos, tornando-se também um apreciador. Os jogos vêm facilitar este acesso, sendo importante que o educador conheça as fases do desenvolvimento dos mesmos.

Para Jeandot os jogos musicais podem ser de três tipos, que correspondem a três fases do desenvolvimento infantil:

- O **sensório motor** envolve a pesquisa de gesto e dos sons. A criança poderá encadear gestos para produzir sons e ouvir música expressando-se corporalmente. A imitação é muito importante para o desenvolvimento sensório-motor

- O **simbólico** consiste em jogos através dos quais a criança representa a expressão, o sentimento e o significado da música;

- O **analítico ou de regras**: são jogos que envolvem a estrutura e a organização da música.

Inicialmente a criança brinca sozinha, mesmo estando perto de outras crianças. (...)

A partir do momento em que a socialização se inicia, os jogos coletivos tornam-se possíveis e vão ficando cada vez mais elaborados. A criança não apenas irá manejar seu instrumento musical ao lado do colega, mas **junto com ele**, escutando a si mesma e aos outros, esperando sua vez de contar ou tocar, dialogando e expressando-se musicalmente. (JEANDOT, 2002 p. 62-63)

Rizzi & Haydt vêm complementar:

... e o que caracteriza o *jogo de regras* como o próprio nome diz é o fato de ser regulamentado por meio de um conjunto sistemático de leis (as regras), portanto esta forma de jogo pressupõe parceiros, bem como de certas obrigações comuns (as regras), o que confere um caráter eminentemente social. (RIZZI & HAYDT, 1986, p.12,13)

Por fim, o jogo é uma das formas mais adequadas para ampliação do conhecimento musical, pois as crianças vivenciam experiências que contemplam o *Fazer*, o *Apreciar* e o *Contextualizar*, que são importantes eixos no ensino da educação musical.

9. Para saber mais

Ecologia acústica:- é o estudo dos efeitos do ambiente acústico nas respostas físicas ou características comportamentais das criaturas que vivem nele. Segundo Murray Schaffer, *The turning of the world*, Mcclelland and Stewart, 1997, o objetivo principal da ecologia acústica é chamar a atenção para os desequilíbrios (nessas relações) que podem causar efeitos prejudiciais à saúde.

Paisagem sonora:- tradução do termo "soundscape". Tecnicamente qualquer parte do ambiente sonoro é tomada como campo de estudo. O termo pode referir-se tanto a ambientes reais, quanto a construções abstratas, tais como composições musicais, montagens em fita, particularmente quando consideradas como um ambiente. (BRASIL, PCN Arte: 1998, p. 80)

10. Referências

ALMEIDA, Maria Berenice S. de. **Fax musical: Dicas semanais para o ensino de iniciação musical.** Módulo I. São Paulo, maio 1997. (Mimeo)

BRASIL. MINISTÉRIO DA EDUCAÇÃO. **Parâmetros Curriculares Nacionais para o Ensino Fundamental: Arte – 1ª a 4ª séries.** Brasília: MEC/SEF, 1997.

BRASIL. MINISTÉRIO DA EDUCAÇÃO. **Parâmetros Curriculares nacionais para o Ensino Fundamental: Arte – 5ª a 8ª séries.** Brasília: MEC/SEF, 1998.

BRITO Teca Alencar de. **Música na Educação Infantil: propostas para a formação integral da criança.** São Paulo: Peirópolis, 2003.

FONTERRADA, Maria Trench de Oliveira. **Música e o meio ambiente: a ecologia sonora.** São Paulo: Irmãos Vitale, 2004.

JEANDOT, Nicole. **Explorando o Universo da música.** São Paulo: Scipione, 2002.

SOUZA, L.A. Musicalização para Criança na Teoria de Suzuki. In: **1º Louvale Igreja Batista,** Manual do Congressista. São José dos Campos: Igreja Batista,1999, p.62-66.

RIZZI Leonor & HAYDT Regina Célia. **Atividades Lúdicas na Educação da Criança.** São Paulo: Ática, 1986.

www.fernandosardo.com.br (Produção de instrumentos musicais)

11. Autores

Diretora
Elisabete da Costa Oliveira

Coordenadora Pedagógica
Dinalva Braz

Música / Pesquisadores Estagiários
Daniel Granado
Telma Cristina Militão de Oliveira

Professoras
Edna Camillo
Liliana Franco de Carvalho

Dado da diversidade

CCII Sebastião da Silva

1. Introdução

Este Centro de Convivência Infantil participa há quatro anos do projeto *Tocando, Cantando...fazendo música com crianças*, o qual conta com acompanhamento de pesquisador estagiário. Realizamos com a equipe escolar uma pesquisa diagnóstica a fim de verificar qual o foco a ser trabalhado na confecção do material didático, que viria como suporte ao trabalho desenvolvido em Educação Musical com as crianças. Pudemos comprovar que o interesse foi por um *jogo musical tridimensional*, como suporte não apenas a um tema específico, mas com possibilidade de exploração em mais de uma área de conhecimento.

De início pensamos em confeccionar um relógio musical, mas como queríamos atender a toda a faixa etária com a qual trabalhamos, mudamos para tapete musical, que também não deu certo e acabamos por optar pelo dado musical, batizado de *Dado da Diversidade*, devido às diversas possibilidades de exploração.

Brincando e aprendendo: um novo olhar sobre o ensino de música
Dado da diversidade
CCII Sebastião da Silva

2. Faixa etária indicada | 3. Número de jogadores | 4. Materiais que fazem parte do jogo | 5. Objetivos

2. Faixa etária indicada

A partir dos seis meses, adequando à proposta das imagens inseridas no dado.

3. Número de jogadores

Apropriado para uma turma de 6 a 18 jogadores

4. Materiais que fazem parte do jogo

1 dado confeccionado em espuma, revestido em feltro colorido e plástico cristal transparente, com abertura em cada uma das faces.

10 fichas com imagens de animais.

10 fichas com imagens de instrumentos musicais.

5. Objetivos

- Brincar, imitar e reproduzir sons, músicas e canções.
- Ouvir, perceber e discriminar imagem e evento sonoro (figura, música ou som do instrumento).
- Explorar, expressar e produzir sons com a voz, corpo e materiais sonoros diferenciados.
- Interpretar canções diversas.
- Participar de brincadeiras e jogos que envolvam músicas, canções e movimentos corporais.
- Explorar e identificar elementos da música para se expressar, interagir com os outros e ampliar seu conhecimento de mundo.
- Perceber e expressar sensações, sentimentos e pensamentos, por meio de improvisações e interpretações musicais.

6. Conteúdos do jogo

- Exploração, expressão e produção de sons com a voz, corpo e materiais sonoros.
- Interpretação de canções diversas.
- Participação em brincadeiras, jogos cantados e rítmicos.
- Repertório de canções para desenvolvimento da memória musical.
- Percepção sonora;
- Socialização.

7. Como jogar

a. Primeiramente escolha seis figuras de animais ou de instrumentos para serem inseridas no dado. (Há possibilidade de exploração de outras imagens, adequando à proposta de trabalho do educador).

b. Em seguida, posicione os participantes em círculo ou fileira.

c. O dado deverá ser passado entre os participantes ao som de uma música (ver sugestões a seguir), até o término ou interrupção da mesma.

d. O participante que estiver com o dado, neste momento, deverá lançá-lo à frente.

e. De acordo com a figura que "sair", realizar a atividade correspondente. Ex.: cantar uma música, imitar a voz do animal, identificar e tocar o instrumento musical, fazer mímica, ...

f. Após a realização da atividade, o jogo continua com a pessoa que vem a seguir (criança, educadora,...), a partir do passo **c.** até que todos participem.

Brincando e aprendendo: um novo olhar sobre o ensino de música
Dado da diversidade
CCII Sebastião da Silva

Sugestões de Músicas para rolar o dado:

Passe o dado
Autoria desconhecida

1. Passe o dado, passe o dado
Passe o dado sem parar
Se você não passa o dado
O seu dado vou jogar.

Sugestões de Músicas para as figuras de animais:

O cachorrinho
(Música tradicional brasileira)

Cachorrinho está latindo
Lá no fundo do quintal
Fica quieto cachorrinho
Deixa o meu benzinho entrar

Tindo, lê, lê
Tindo, lê, lê, lê, lá
Tindo, lê, lê
Não sou eu quem entro lá

Hop! Hop! Cavalinho
(Música tradicional alemã)

Hop! Hop! Hop! Cavalinho vai
Hop! Hop! Hop! Cavalinho vai
Vai trotando cavalinho
Vai seguindo seu caminho
Hop! Hop! Hop! Cavalinho vai

8. Fundamentação Teórica

A música é uma linguagem tão ou mais rica e expressiva que a linguagem verbal, ainda que possa, à primeira vista, parecer privilégio de poucos, pois quase todas as pessoas são capazes de se expressar por meio de palavras, mas muitos não conseguem compor e, dessa forma, falar por meio da música. Ela está presente em diversas situações da vida humana, o que permite à criança entrar em contato com a cultura musical e aprender suas tradições musicais, desde os primeiros anos de vida.

A expressão musical na primeira infância é caracterizada pela ênfase nos aspectos intuitivos, afetivos e pela exploração dos materiais sonoros. As crianças integram com facilidade a música às demais brincadeiras e jogos. O brincar permeia a relação que se estabelece com materiais. Mais do que representar sons, as crianças podem representar personagens, animais, carros, máquinas etc. Assim, o trabalho musical integra-se naturalmente às outras áreas do conhecimento.

O jogo *Dado da Diversidade* vem contemplar, de maneira lúdica, todos esses aspectos apontados, por meio da integração entre os aspectos sensíveis, afetivos, estéticos e cognitivos, permitindo à criança a exploração do som e também de suas qualidades. Jogar o *Dado da Diversidade* é uma oportunidade para a criatividade e, acima de tudo, motivação e estímulo para a inteligência sonora. Aprender músicas novas, lembrar músicas já aprendidas, tocar instrumentos, conhecê-los, facilitam a contextualização de forma mais eficiente e a integração a diferentes linguagens. Atende, ainda, o que a professora Josette Feres aponta como função da Educação Musical para Bebês: "desenvolver a musicalidade, sensibilidade, percepção auditiva, psicomotricidade, senso rítmico e sociabilidade". (FERES, 1998, p.14).

Além disso, esse jogo possibilita o canto em grupo, que proporciona conforme citado por Teca Brito:

> Cantando coletivamente, aprendemos a ouvir a nós mesmos, ao outro e ao grupo como um todo. Dessa forma, desenvolvemos também aspectos de personalidade, como atenção, concentração, cooperação e espírito de coletividade. (BRITO, 2003, p. 93)

E ela ainda diz:

> É importante brincar e cantar com as crianças, pois (...), o vínculo afetivo e prazeroso que se estabelece nos grupos em que se canta é forte e significativo. (BRITO, 2003, p. 92)

9. Para saber mais

Outras músicas para passar o dado:

O dado vai passando
Autoria desconhecida

O dado vai passando

Vai passando sem demora

Passe o dado

Para ver quem joga agora

O meu galinho
(Música tradicional brasileira)

Faz três noites que eu não durmo, ô lá lá
Pois perdi o meu galinho, ô lá lá
Coitadinho ô lá lá
Pobrezinho ô lá lá
Eu perdi lá no sertão

Ele é branco e amarelo ô lá lá
Tem a crista bem vermelha ô lá lá
Bate as asas ô lá lá
Abre o bico ô lá lá
Ele faz qui ri qui qui

10. Referências

ANTUNES, Celso. **Inteligências Múltiplas e seus jogos: inteligência sonora**. Petrópolis: Vozes, 2006. (vol.8)

BRITO, T. A. de. **Música na educação infantil: propostas para a formação integral da criança.** 2º ed. São Paulo: Peirópolis, 2003.

FERES, J. S. M. **Bebês Música e movimento.** Jundiaí, SP: J. S. M. Feres, 1998.

BRASIL. Ministério da Educação. **Referencial Curricular Nacional para a Educação Infantil.** Brasília: MEC / Secretaria de Educação Fundamental, 1998. (3 vol.)

11. Autores

Diretora
Helaine Cristina Bio Margarido

Música / Pesquisadora Estagiária
Alessandra Maria Zanchetta

Professoras
Lílian Saraiva Sernada
Márcia Aparecida Nogueira
Maria Inês de Mello Faria Peixoto de Miranda
Valéria Duarte Ribeiro

ADIs
Adriana de Souza do Prado
Camilla da Silva Montel
Débora Gonçalves Pinto
Ellen Milli Rodrigues Maciel
Ellen Rodrigues Valery Slva
Isis Alves dos Anjos Luciano
Maria Sônia Lima de Souza
Neuza Maria de Mesquita Cabral
Rosangela Aparecida Barbosa Marciano de Oliveira
Soly Costa Cavalcante

Educar para a vida

EM Prof. Mario Portes

1. Introdução

Com base na missão "analisar e interferir na realidade, a partir da sensibilização e da vivência de valores, contribuindo para que haja uma mudança de atitudes em busca de uma melhor qualidade de vida", é que vem sendo elaborado o Projeto Político-Pedagógico da EM "Prof. Mario Portes". Assim, baseia-se nos *8 jeitos de mudar o mundo*, porém adaptado ao contexto escolar, uma vez que deve contemplar as características da comunidade, tanto em relação às problemáticas quanto às potencialidades, inclusive considerando a articulação entre o local e o global, ou seja, a proposta está atrelada ao mundo no qual vivemos. Com essa autonomia pe-

Brincando e aprendendo: um novo olhar sobre o ensino de música

Educar para a vida

EM Prof. Mario Portes

2. Faixa etária indicada | 3. Número de participantes | 4. Material que integra o "Educar para a Vida"

dagógica, coloca-se em foco a qualidade de ensino oferecida aos educandos e consequentemente uma participação dinâmica, reflexiva e construtiva dos educadores, o que permite explorar as especificidades de cada área do conhecimento, bem como privilegiar as múltiplas inteligências, sendo extensivo aos valores humanos e ao mesmo tempo, respeitando a singularidade dos educandos.

Na escola, como há um trabalho de música extensivo a todos os alunos do Ensino Fundamental e da Educação de Jovens e Adultos, bem como aos alunos integrantes da Banda Sinfônica Jovem e Banda de Percussão, o desafio foi desenvolver um material pedagógico-musical que contribuísse aos educadores, mas que ao mesmo tempo tivesse sua construção significativa e integrada às diversas áreas do conhecimento, conforme o currículo para os respectivos segmentos. Assim, concomitante à elaboração e construção do material, todos o tornariam concreto a partir da prática cotidiana, abrangendo os eixos da linguagem musical no que se refere ao *apreciar, contextualizar e fazer.*

Cada música partiu de pesquisas sobre o tema em questão, e propõe uma participação dinâmica, reflexiva e construtiva que de fato transforme a realidade. Assim, foram feitas músicas com arranjos instrumentais e vocais compostos coletivamente por alunos, professores, pesquisadores/estagiários, regentes, monitores de música e baseando-se nos *8 jeitos de mudar o mundo.*

2. Faixa etária indicada

A partir dos 6 anos

3. Número de participantes

Livre

4. Material que integra o "Educar para a Vida"

- CD com as músicas compostas e arranjadas na escola.

- Este capítulo do livro, trazendo relato do "caminho percorrido".

1ª séries A e B

Professoras

Márcia de Oliveira Raider e alunos da
1ª série A de 2008
Simone Teodoro da Silva e alunos da
1ª série B de 2008

Pesquisadora de música

Telma Cristina Militão de Oliveira

Resultado de uma roda de conversa entre alunos e professores, esta letra traz pensamentos e sentimentos dos alunos sobre a *amizade*.

Todas as ideias foram registradas e posteriormente organizadas de acordo com a musicalidade das frases. Algumas foram adaptadas para se encaixarem melhor à melodia sugerida pelas professoras e pela pesquisadora de música.

Durante a elaboração da música em si, os alunos foram dando suas opiniões e sugestões, colaborando assim para a conclusão da música, e resgatando o valor do companheirismo e do respeito. As crianças falam sobre o que é ter um amigo de verdade.

AMIGO

UM BOM AMIGO
É AQUELE COMPANHEIRO
QUE BRINCA, QUE PULA
COMIGO O DIA INTEIRO.

JÁ FUI SOZINHO
SEM TER CARINHO
MAS HOJE PORÉM
QUE ESTA AMIZADE EXISTE
BEM PERTO OU LONGE
EU JÁ NÃO FICO TRISTE

CORRER, BRINCAR
SORRIR, CANTAR
EU VOU SEGUINDO SEMPRE
O MEU CAMINHO
FELIZ DA VIDA
COM MUITOS AMIGUINHOS

2ª série A e B

Professores(as)

Carlos Roberto Cavalcante e alunos da
2ª série B de 2008
Inês Gomes Teixeira e alunos da 2ª série A
de 2008
Rosângela Lopes Siqueira e alunos da
2ª série A de 2008

Pesquisadora de música

Telma Cristina Militão de Oliveira

BRINCAR

BRINCAR DE BOLA
CORRIDA E EXERCÍCIO
PARA BRINCAR (bis)

Brincando e aprendendo: um novo olhar sobre o ensino de música
Educar para a vida
EM Prof. Mario Portes

É por meio do brincar que a criança descobre maneiras de interagir com o mundo, ela vive uma inteireza e é feliz. A composição musical e o arranjo instrumental desenvolvidos refletem a forma simples e direta da criança fazer música.

Inicialmente a ideia musical que surgiu foi a partir da paródia da música "Borboletinha", que foi logo substituída quando um aluno da classe sugeriu uma melodia inédita, a qual foi adequada com mudanças na letra e facilmente assimilada pelo grupo. Com a letra e a música quase pronta foram testados alguns arranjos, chegando ao produto final.

É ENERGIA
QUE AJUDA A GENTE
AQUECE O CORPO
FAZENDO BEM
VOU FICAR FORTE
FICAR LIGEIRO
VOU PULAR BEM ALTO
E FAZER UM GOL

EU VOU CANTAR
BRINCAR DE CORDA
COM MEU AMIGO
NA MINHA ESCOLA

É ENERGIA
QUE AJUDA A GENTE
AQUECE O CORPO
FAZENDO BEM

2ª séries C e D

Professoras

Ana Paula Dionízio Macedo Soares e alunos da 2ª série D de 2008

Lilian Carla de Castro e Abreu e alunos da 2ª série C de 2008

Sandra Regina Fritoli Renzi e alunos da 1ª série A de 2007

Gisele Pereira de Campos e alunos da 1ª série B de 2007

Daniela Feitosa de Sousa e alunos da 1ª série C de 2007

Simone Teodoro da Silva e alunos da 1ª série D de 2007

Pesquisadores de música

Telma Cristina Militão de Oliveira
Arthur Iraçu Amaral Fuscaldo

COMUNICAÇÃO

LIGA PRO CELULAR,
TELEFONE E ORELHÃO

RÁDIO, INTERNET
E TELEVISÃO
TUDO ISSO É
COMUNICAÇÃO

LEIA UM LIVRO ENTÃO
E ENCONTRE MAIS
INFORMAÇÃO

Brincando e aprendendo: um novo olhar sobre o ensino de música
Educar para a vida
EM Prof. Mario Portes

Comunicar é arte inerente às crianças. Com simplicidade, esse rock apresenta diferentes formas de comunicação. Conhecer e saber utilizar os meios de comunicação é essencial e, como dizia o velho guerreiro Chacrinha, "quem não se comunica, se estrumbica"!

> MANDE UM E-MAIL
> USE O CORREIO
> TUDO ISSO É COMUNICAÇÃO

O trabalho foi inspirado por uma letra composta pelos alunos da 1ª série do ano letivo de 2007, sob orientação do pesquisador de música Iraçu, tendo como tema "comunicação". Nosso trabalho, em 2008, era colocar uma melodia na letra, para isso contextualizamos o assunto com as crianças, trabalhando em sala de aula o tema sugerido. Falamos bastante sobre a finalidade da comunicação, os meios de comunicação e a importância de se comunicar bem nos dias atuais. Partimos, então, para a melodia, quando percebemos um pequeno "problema" com as onomatopeias existentes na letra original. Essas onomatopeias, dificultaram a criação da melodia por parte das crianças que ficavam presas aos ritmos já existentes. Com a ajuda da pesquisadora de música, das crianças e dos professores envolvidos foram feitas adaptações na letra original retirando as onomatopeias, e finalmente a melodia foi criada. Por sugestão das crianças, foi escolhido o ritmo de rock para acompanhar a música.

A construção da música como um todo: letra, melodia e arranjos foi um trabalho coletivo e prazeroso.

3ª séries A e B

A NATUREZA

A NATUREZA QUE A GENTE AJUDA,
É A NATUREZA QUE CUIDA DA GENTE. (bis)

O AR QUE RESPIRAMOS FOI A PLANTA QUE LIMPOU
A ÁGUA QUE BEBEMOS O RIO NOS DOOU,
O NOSSO ALIMENTO DEPENDE DAS PLANTAS,
SEM ELAS NÃO VIVEMOS, NÃO HÁ ESPERANÇA...

E A NATUREZA É A NOSSA PROTEÇÃO
FAZEMOS PARTE DELA, PULSA O NOSSO CORAÇÃO,

Brincando e aprendendo: um novo olhar sobre o ensino de música
Educar para a vida
EM Prof. Mario Portes

O AR QUE ERA LIMPO E VAI SE PERDENDO,
E POUCO A POUCO TUDO DESAPARECENDO

ANIMAIS EXTINTOS NÓS PODEMOS EVITAR
PROTEGER ESTES BICHINHOS, NÃO CAÇAR E NÃO MATAR.
UM NOVO HORIZONTE VIRÁ COM CERTEZA,
SE TODOS PRESERVARMOS A NATUREZA.

CUIDAR DESTE PLANETA DEVE SER NOSSA MISSÃO,
ELE ESTÁ SOFRENDO E PEDE NOSSA ATENÇÃO
E TODOS VAMOS JUNTOS FAZER A DIFERENÇA
TOME UMA ATITUDE DE GENTE QUE PENSA!!!

Professoras
Luciani Aparecida Nascimento Mariano e alunos da 3ª série B de 2008
Lucila Maria de Godoi e alunos da 3ª série A de 2008

Pesquisadora de música
Telma Cristina Militão de Oliveira

A preservação do meio ambiente é um tema que permeia todas as ações escolares. Ouve-se falar de aquecimento global, efeito estufa, camada de ozônio... parece tudo tão distante. Mas todas as nossas ações contribuem, ou não, para os desastres ecológicos, direta ou indiretamente. Chamar a atenção para as pequenas atitudes do dia-a-dia, procurando refletir em ações práticas é o nosso objetivo.

Essa música é apenas o produto de muita conversa, reflexão e ação!

Escolhemos o tema de acordo com o que já estava sendo trabalhado em Ciências (Recursos Naturais). O primeiro passo foi irmos até a sala de música, com a pesquisadora de música, onde demos início ao trabalho de composição musical propondo "uma tempestade de ideias". Todos foram relacionando ideias sobre o tema proposto, mas faltava a melodia... Quando o estagiário sugeriu "hoje vou cantar de maneira bem contente, hoje vou cantar sobre o meio ambiente", logo após, a pesquisadora criou uma melodia para uma frase, sugerida pelos alunos "a natureza que a gente cuida, é a natureza que cuida da gente". Então, voltamos para a sala e conseguimos, alunos e professores, construir uma letra baseada numa melodia "quadrada". Porém, percebemos que a frase sugerida pelo estagiário precisava ser modificada, pois dava uma ideia de alegria, não combinando com a situação real do meio ambiente. Num outro momento, reunimos-nos novamente para concluirmos a melodia. Diante das sugestões dos alunos, uma aluna cantou o mesmo refrão

Brincando e aprendendo: um novo olhar sobre o ensino de música

Educar para a vida
EM Prof. Mario Portes

com outra melodia, o que agradou aos demais participantes. Então, a professora apresentou uma outra melodia para finalizar as estrofes, deixando-as mais agradáveis. Baseada nesta nova melodia, que agradou a todos, tornou-se necessária a adaptação da letra.

3ª séries C e D

ARROZ E FEIJÃO... DISSO EU NÃO ABRO MÃO
Música de Simone Teodoro da Silva

EU ESTOU CRESCENDO
E GASTANDO ENERGIA,
POR ISSO ESTOU COMENDO
COISAS BOAS TODO DIA.

O ARROZ TEM FUMACINHA
BEM QUENTINHO AINDA ESTÁ,
VOU JUNTAR COM O FEIJÃO
QUE BELEZA É ESSE PAR.

MUITA ENERGIA
ARROZ COM FEIJÃO EU COMO TODO DIA
MUITA ENERGIA
ARROZ COM FEIJÃO DISSO EU NÃO ABRO MÃO

COMO FRUTA, COMO BOLO
COMO PÃO, COMO COALHADA,
COMO FOLHA, COMO CAULE,
E EU AMO UMA GEMADA
MAS QUE COISA MAIS GOSTOSA,
TÁ CHEGANDO UMA SALADA,
QUE EU SEI TÁ MUITO BOA
POIS É BEM VITAMINADA.

PRA CUIDAR DA MINHA VIDA
COMO COISAS VARIADAS,
MINHA MÃE SEMPRE CAPRICHA
COM COMIDAS REFORÇADAS.

POIS SAÚDE É COISA SÉRIA,
NÃO DÁ PARA BRINCAR.
BRINCAR SÓ É GOSTOSO
DEPOIS QUE ALMOÇAR!

Brincando e aprendendo: um novo olhar sobre o ensino de música
Educar para a vida
EM Prof. Mario Portes

Professoras

Rosangela Lopes Siqueira e alunos da 3ª série C de 2008

Rosemeire Aparecida de Sousa Cardoso e alunos da 3ª série D de 2008

Simone Teodoro da Silva e alunos da 3ª série D de 2008

Pesquisadora de música

Telma Cristina Militão de Oliveira

Nos dias atuais, muitas crianças apresentam problemas de saúde devido à má alimentação. Com o objetivo de incentivar uma dieta saudável, a professora desenvolveu esta letra a partir dos debates em sala de aula sobre o referido tema. O tema escolhido foi "alimentação" e como já trabalhávamos com o mesmo, a professora Simone compôs a letra da música, um rap, a partir dos conteúdos explorados e discutidos em sala de aula.

A letra foi compartilhada com as crianças e todas gostaram do resultado. A partir daí, a turma de alunos ensaiou algumas vezes o rap antes de ir para a aula de música. Com a ajuda da pesquisadora e do estagiário Ewerton, escolhemos uma batida eletrônica do teclado para acompanhar a música. A melodia do refrão foi sugerida pela pesquisadora de música que pensou em melodias inspirada na forma de cantar de cantoras como Sandra de Sá, que brinca com a voz buscando suas origens africanas. Após isso, a professora Rosangela sugeriu que colocássemos no refrão a frase "arroz com feijão" e assim a música foi concluída.

Houve empenho e dedicação de todos na elaboração do arranjo instrumental, o que resultou neste trabalho envolvente e significativo.

4ª séries A e B

Professoras

Cátia de Paiva Oliveira e alunos da 4ª série B de 2008

Lenina Ayub de Medeiros e alunos da 4ª série A de 2008

Pesquisadora de música

Telma Cristina Militão de Oliveira

Partindo de uma tempestade de ideias, em uma atividade coletiva em sala de aula, nasceu esta letra, cuja melodia

---

HIGIENE

BOM, BOM, BOM,
BOM É MUITO BOM (bis)

PRO NOSSO CORPO
E TODO MUNDO TEM QUE TER
PRA NOSSA VIDA
E PARA O NOSSO BEM QUERER

Brincando e aprendendo: um novo olhar sobre o ensino de música
Educar para a vida
EM Prof. Mario Portes

foi sugestão da Telma, pesquisadora de música da escola.

A escolha de um dos *8 jeitos de mudar o mundo*, sendo *Prevenção e Combate às Doenças*, tema que foi explorado com os alunos das turmas de 4ª séries do período da manhã, partiu da pertinência com o conteúdo que já vinha sendo trabalhado na série: Qualidade de Vida.

A contextualização mais pontual aconteceu de forma planejada, propiciando em sala de aula leitura de textos pertinentes, além da proposta de outras leituras importantes, reflexão e diálogo sobre o assunto, consulta e pesquisa em sites educativos durante as aulas.

EU TOMO UM BANHO
COMO E ESCOVO MEUS DENTES
BRINCO E DURMO
E SEMPRE ESTOU CONTENTE!

PRO NOSSO CORPO
TODO CUIDADO É SEMPRE BOM
COM A SAÚDE
NUNCA PODEMOS VACILAR!

EU TOMO UM BANHO
COMO E ESCOVO MEUS DENTES
BRINCO E DURMO
E SEMPRE ESTOU CONTENTE!

O processo de criação musical dos alunos se deu, inicialmente, com uma tempestade de ideias, palavras e conceitos sobre o tema. À medida que as ideias surgiam, naturalmente a criação de versos significativos também se fazia presente. A interferência das professoras, bem como do estagiário de música foi importante para a organização dessas ideias, e a pesquisadora de música contribuiu de forma relevante na criação da melodia.

Surgiram várias ideias até mesmo para um arranjo vocal. Rapidamente as crianças já estavam cantando e criando outras variações melódicas, complementando a ideia inicial.

A sensibilidade musical dos alunos contribuiu de forma decisiva para a elaboração do arranjo instrumental e vocal, que ficou ao mesmo tempo criativo e divertido.

4ª séries C e D

Professoras

Lenina Ayub de Medeiros e alunos da 4ª série D de 2008

Márcia Melo de Assis Namiuti e alunos da 4ª série C de 2008

Pesquisadora de música

Telma Cristina Militão de Oliveira

É HORA

É HORA, É HORA,
É HORA DE TRANSFORMAR (bis)

Brincando e aprendendo: um novo olhar sobre o ensino de música

Educar para a vida
EM Prof. Mario Portes

Na sociedade contemporânea, faz-se necessária a conscientização da importância da coleta seletiva e da reciclagem.

A criação da letra desvelou-se a partir da pesquisa em livros, revistas, vídeos e sites educativos, bem como da contribuição com reflexões e ideias criativas dos alunos.

A escolha de um dos *8 jeitos de mudar o mundo* sendo: "Coleta Seletiva e Reciclagem", tema este a ser trabalhado com os alunos das turmas de 4ª séries do período da tarde, também partiu da pertinência com o conteúdo que já vinha sendo explorado na série em questão: "Qualidade de Vida".

Para contextualizar foi proposto

> NO VERMELHO EU JOGO PLÁSTICO,
> NO AZUL JOGO PAPEL,
> NO VERDE EU JOGO VIDRO,
> NO AMARELO O METAL.
> NA COLETA SELETIVA
> TUDO FICA BEM LEGAL. (bis)
>
> JOGAR LIXO É NO LIXO,
> VENHA RECICLAR AMIGO,
> SUJAR RUA É ERRADO,
> MOSTRE SER MUITO EDUCADO
> NA COLETA SELETIVA
> TUDO É APROVEITADO. (bis)

aos alunos a leitura de diversos textos sobre o assunto, sites educativos, vídeos de curta duração, que traziam de forma clara e objetiva as questões do tratamento do lixo, da coleta seletiva, da reciclagem e dos importantes hábitos de higiene. A participação dos alunos foi envolvente. Todos colaboraram, apropriando-se da importância destes conceitos para garantir realmente uma boa qualidade de vida.

O momento de criação da letra da música foi muito interessante. Como os alunos já participaram da Olimpíada da Língua Portuguesa, que propõe um trabalho com textos poéticos, partimos deste ponto com os alunos. Organizamos as classes em grupos para que pudessem interagir com as ideias, e logo após apresentaram para todos suas sugestões. Vale ressaltar que uma das sugestões veio de um grupo que iniciou a letra da música pensando na letra e melodia da música, já conhecida "Era uma vez". Neste momento, foi esclarecida a diferença entre paródia e composição própria.

Todas as sugestões foram registradas na lousa e selecionamos versos e estrofes para montar a primeira versão da letra. Para adaptar a letra inicial à melodia sugerida pela pesquisadora de música, foi necessário mudar a ordem de alguns versos, porém, sem perder o sentido da ideia inicial dos alunos. Todos participaram desta etapa e, pouco a pouco, a música tomou sua forma atual.

Os alunos curtiram muito o processo e o trabalho final, pois o resultado foi uma música alegre, com ritmo envolvente e conscientizador esta música propõe atitudes práticas de preservação e cidadania.

Brincando e aprendendo: um novo olhar sobre o ensino de música
Educar para a vida
EM Prof. Mario Portes

Educação de Jovens e Adultos (1º ao 4º termo)

EU VENCI

PASSEI FOME, SEDE E FRIO
EU VIM LÁ DO MEU SERTÃO
ATRAVESSEI E AQUI CHEGUEI
E MINHA HISTÓRIA CANTAREI

LÁ NO MEU SERTÃO É DIFÍCIL DE FICAR
PORQUE É MUITO TRISTE E EU TENHO QUE RENDA GERAR
PELA MADRUGADA FRIA COMEÇO A CHORAR
LEMBRO DO SOFRIMENTO
NÃO QUERO MAIS VOLTAR

EU VIM LÁ DO MEU SERTÃO
E VIM PARA TRABALHAR
POIS A VIDA É TRABALHO E TENHO QUE ME VIRAR
TRABALHANDO NOITE E DIA
MINHA RENDA VOU GERAR
SUSTENTAR MINHA FAMÍLIA E A VIDA VOU LEVAR

EU TRABALHEI, ESTUDEI
E CHEGUEI ONDE QUERIA,
EU VENCI, SIM EU LUTEI
E CONSEGUI UM BOM TRABALHO
PARA TER DIGNIDADE
E TAMBÉM UM BOM SALÁRIO (BIS)

Professores

Fernanda Martins Franco e alunos da Educação de Jovens e Adultos de 2008
Graziele Suniga Gonçalves e alunos da Educação de Jovens e Adultos de 2008
Lilian Carla de Castro e Abreu e alunos da Educação de Jovens e Adultos de 2008
Lilian Saraiva Sernada e alunos da Educação de Jovens e Adultos de 2008
Lucimara Freire e alunos da Educação de Jovens e Adultos de 2008
Marineide Cardoso da Conceição e alunos da Educação de Jovens e Adultos de 2008
Silvania Rodrigues Tavares de Oliveira e alunos da Educação de Jovens e Adultos de 2008

Pesquisador de música

Douglas dos Santos Silva

A partir do tema proposto "Geração de Renda", referente aos *8 jeitos de mudar o mundo*, foi apresentada a obra "Retirantes", de Cândido Portinari" (1944). Através da observação foram feitos questionamentos para que os alunos refletissem sobre a situação proposta na obra, fazendo um paralelo com suas experiências de vida. Foi sugerida, a seguir, uma produção de texto coletiva, já que os alunos resgataram suas histórias de vida.

A partir deste texto produzido foi desenvolvido o trabalho musical: criando uma melodia para a letra, e elaboração do arranjo com os instrumentos musicais, relacionando com o projeto "Músicas do Brasil", no qual a região Nordeste era de estudo comum a todas as turmas. Com isso foi decidido trabalhar com um ritmo tradicional dessa região para ser o ritmo base do arranjo musical: o *xote*.

MEDLEY "8 JEITOS DE MUDAR O MUNDO"
Alunos da Banda Sinfônica Jovem Mario Portes

Quando recebi o convite de arranjar este medley, fiquei muito feliz, pois a proposta era fazer uma grande orquestração sintetizando trechos de cada uma das oito músicas, sem fugir do original.

Não é muito fácil transcrever acordes dissonantes de piano para instrumentos de metais. Na maioria das vezes, estes acordes não se encaixam, causando um grande choque sonoro. Para isso alterei os acordes sem comprometer o tom e a melodia original. Partindo da base, distribuí madeiras, metais e percussão, mesclando a melodia; ora flautas, ora trompetes, em outros momentos também euphoniuns e saxofones, conforme a proposta original, preservando inclusive as introduções e os finais das músicas. Acredito que conseguimos descrever cada sentimento das turmas que compuseram as canções em pequenos trechos orquestrados.

Agradeço e parabenizo a *Banda Sinfônica Jovem Mario Portes* pela interpretação.

Maestro Daniel Carlos Amendola Bordignon

4.1 Colaboradores

Adriana Aparecida Degan
Aguinaldo Henrique Pires
Arthur Iraçu Amaral Fuscaldo
Camila Roberta Abussamra Scandelai
Cibele Amanda da Conceição
Daniel Carlos Amendola Bordignon
Edna Azevedo de Oliveira

Ewerton dos Santos Siqueira e Silva
Felipe Stevan Bordignon da Silva
Fernanda Valverde Renner de Moura
Hilda Aparecida de Souza Costa
Honorato Rodrigues
Lucimara Aires da Silva
Marcio Augusto Potel
Nair Gonçalves do Amaral
Roberto Romano da Silva
Rodrigo Luiz Gallucci Ferraz
Rosana Petersen
Rosângela da Silva Modesto
Rubens David da Silva
Silvia Helena Moreira de Souza
Wagner de Oliveira V. da Silva
Wanderlei Damasceno Cruz

5. Objetivos

- Trabalhar com os três eixos norteadores para o ensino de arte/música: fazer, apreciar e contextualizar.
- Reconhecer diferentes estilos musicais.
- Desenvolver noções de ritmo, timbre, altura, intensidade, duração e textura musical.
- Memorizar, reconhecer e reproduzir padrões e células rítmicas.
- Registrar e interpretar composições coletivas do grupo.
- Elaborar arranjos instrumentais e vocais.
- Explorar os *8 jeitos de mudar o mundo*, adaptados para o contexto escolar.
- Possibilitar vivências e ações, sendo estas relacionadas à construção de valores.
- Refletir sobre os temas propostos pelos *8 jeitos de mudar o mundo,* de forma lúdica e musical.
- Utilizar da linguagem musical para a conscientização sobre os *8 jeitos de mudar o mundo*.
- Conhecer e valorizar diferentes ritmos da cultura brasileira.
- Conhecer e tocar alguns instrumentos musicais.

6. Conteúdos

- Letras baseadas nos *8 jeitos de mudar o mundo: Educação Alimentar, Preservação da Natureza, Ampliando o saber escolar, Prevenção e combate a doenças, Comunicação, Coleta seletiva e reciclagem de lixo, Incentivo aos esportes e Geração de renda* com adaptação ao contexto escolar.

- Composição / elaboração de arranjos e improvisações musicais / interpretação musical.

- Compreensão da linguagem musical.

- Elementos rítmicos (pulsação, métrica e andamento).

- Diferentes estilos de música popular.

- Textura, forma e dinâmica musical.

- Compreensão e exploração da relação texto-música.

- Tonalidade - Modo maior e modo menor.

- Identificação de instrumentos e materiais sonoros.

- Apreciação e reflexão sobre músicas.

- Propriedades do som: altura, timbre, intensidade e duração.

- Escuta e apreciação musical.

7. Como utilizar

O educador poderá utilizar este material como apoio para atividades musicais tais como: apreciação, elaboração de arranjos, composição musical e/ou como suporte para uma abordagem multidisciplinar.

Para desenvolver as composições musicais, todos os professores partiram de pesquisas realizadas em sala de aula sobre os assuntos, onde contextualizaram, criaram textos, poesias... visando elaboração da letra. Com todas as letras já finalizadas, as turmas partiram para a fase da criação melódica e tudo aconteceu de forma coletiva. Em cada turma os alunos eram estimulados e convidados a dar ideias utilizando a sua própria voz, ou utilizando os metalofones e xilofones para a criação de um tema melódico que servisse como base para a criação da melodia, o que se fez parte por parte. Durante todo o processo pode-se contar com a ajuda dos pesquisadores de música para organizar as ideias que surgiam. Dessa maneira, foram compondo e adaptando a letra, quando necessário.

Brincando e aprendendo: um novo olhar sobre o ensino de música
Educar para a vida
EM Prof. Mario Portes
8. Fundamentação teórica

Vale ressaltar que a colaboração entre si, enquanto pesquisadores de música favoreceu um trabalho integrado na unidade escolar.

Também vale destacar que a participação integrada dos diferentes profissionais envolvidos nesse trabalho foi fundamental para o sucesso no processo de ensino-aprendizagem e êxito dos alunos, devido ao planejamento e conhecimento específico, conforme o campo de atuação.

Podemos afirmar que o resultado é decorrente e caracterizado por um gradativo e efetivo trabalho em *equipe*.

8. Fundamentação teórica

Compor música é um desafio, pois envolve diferentes habilidades como: analisar, comparar, ordenar, interpretar, improvisar, organizar tudo com muita criatividade. A criança sente-se valorizada e se envolve com o processo educacional como um todo o que possibilita a apreensão de significados culturais e atribuição de significados próprios.

De acordo com o Referencial Curricular Nacional para a Educação Infantil de Arte:

> A música é a linguagem que se traduz em formas sonoras capazes de expressar e comunicar sensações, sentimentos e pensamentos, por meio da organização e relacionamento expressivo entre o som e o silêncio. (...) A integração entre os aspectos sensíveis, afetivos, estéticos e cognitivos, assim como a promoção de interação e comunicação social, conferem caráter significativo à linguagem musical. É uma das formas importantes de expressão humana, o que por si só justifica sua presença no contexto da educação.
> (BRASIL, 1998, p.45)

E segundo os Parâmetros Curriculares Nacionais para o Ensino Fundamental: Arte - 1ª a 4ª séries:

> O processo de criação de uma composição é conduzido pela intenção do compositor a partir de um projeto musical (...) Para que a aprendizagem da música possa ser fundamental na formação de cidadãos é necessário que todos tenham a oportunidade de participar ativamente como ouvintes, intérpretes, compositores e improvisadores, dentro e fora da sala de aula.
> (BRASIL, 1997, p.54)

Ao desenvolver atividades musicais que contemplem a criação e expressão dos alunos (as) por meio da composição musical e elaboração de arranjos instrumentais e vocais, o educador contribui na formação pessoal do aluno.

Acreditamos que uma educação musical abrangente deve incluir diversas possibilidades de engajamento com a música. Porém, historicamente temos acompanhado que, na prática, posturas pedagógicas próprias de uma *concepção tradicionalista* de música, enfatizam a reprodução e a interpretação, muitas vezes, mecânica e sem significado para os educandos. Uma outra corrente de pensamento traz uma concepção de educação musical como "uma linguagem e área cujo conhecimento se constrói" (BRITO, 2003).

No livro *Música na Educação Infantil*, a educadora musical Teca Alencar de Brito traz um quadro comparativo referente a estas duas concepções (BRITO, 2003, p.201). Destacamos alguns itens do referente quadro:

CONCEPÇÃO TRADICIONALISTA	CONCEPÇÃO CONSTRUTIVISTA
Atividades musicais que enfatizam a reprodução.	Atividades musicais que integram reprodução, *criação* e reflexão. *(grifo nosso)*
Canções de comando, utilizadas como forma de criar ou reforçar comportamentos; datas comemorativas e/ou informativas.	Invenções e interpretação de canções como meio de expressão e exercício musical.
[...] ênfase na reprodução; de modo geral as crianças tocam, mas não escutam. O professor ou professora ensina a tocar e sempre determina o que e como se toca.	[...] estímulo à pesquisa de timbres, modos de ação e produção dos sons. Construção de instrumentos musicais. Elaboração de arranjos junto às crianças.

Podemos observar que uma diferença fundamental entre estas duas concepções educacionais reside na participação dos alunos nas atividades propostas. Na tradicional, preserva-se a postura do professor enquanto detentor do conhecimento ou "aquele que sabe" e ensinará aos alunos ("tábulas rasas"); na concepção construtivista, os alunos são requisitados a participar ativamente das aulas, criando e refletindo *junto* ao professor nas atividades propostas.

No esteio das propostas criativas, a modalidade *composição* possui um espaço relevante dentro da educação musical devido a sua própria natureza, "pois qualquer que seja o nível de complexidade, estilo ou contexto, é o processo pelo qual toda obra musical é gerada" (FRANÇA, 2002, p. 2).

Crianças a partir dos quatro anos costumam inventar canções. Em geral, elas improvisam "cantando alguma situação", contando histórias, ou falando sobre os amiguinhos. Algumas vezes,

Brincando e aprendendo: um novo olhar sobre o ensino de música
Educar para a vida
EM Prof. Mario Portes

elas podem repetir e fixar as invenções. Neste sentido, o importante é "estimular a atividade da criação, e, a princípio, é preferível deixar que a criança invente – letra e melodia – sem a interferência do adulto". (BRITO, 2003, p.135).

Alguns autores e professores não acreditam que compor seja uma atividade acessível às crianças, preferindo deixá-la para os grandes mestres da música. Curiosamente, os próprios mestres da composição discordam. Paul Hindemith, compositor alemão contemporâneo escreve:

> Composição não é um ramo especial do conhecimento que deve ser ensinado àqueles talentosos ou suficientemente interessados. Ela é simplesmente a culminação de um sistema saudável e estável de educação, cujo ideal é formar não um instrumentista, cantor ou arranjador especialista, mas um músico com um conhecimento musical universal. (HINDEMITH, 1952, p.178 apud FRANÇA, 2002, p. 2)

A composição na educação musical terá valor enquanto processo educativo, quando os alunos puderem experimentar formas de organização sonora, pois trabalhando com os materiais sonoros os alunos têm a oportunidade de compreender o funcionamento das estruturas e dos elementos musicais. Neste sentido, compor seria "uma forma de engajar os elementos do discurso musical de uma maneira crítica e construtiva, fazendo julgamentos e tomando decisões" (SWANWICK, 1994, p.85 apud FRANÇA, 2002, p.3)

Outro aspecto bastante discutido, quando falamos em composição musical com alunos, está no status do produto criado. Existe uma tendência de se ter uma postura comparativa entre as composições dos alunos, e o que comumente consideramos como música - neste caso elaborada por compositores profissionais - o que tende a desqualificar as composições dos alunos.

> A ideia de se referir a uma peça de, talvez, menos de um minuto de duração como composição, ou "performance", quando tudo o que podemos estar ouvindo são algumas notas tocadas em um instrumento de percussão, parece a princípio exagerada para ser levada a sério por alguns músicos. Mas, como professores de música, *concentramo-nos nos processos envolvidos* (grifo nosso), e é provável que as primeiras manifestações sejam extremamente simples se comparadas com o que sabemos ser possível no auge da realização musical. Quando os alunos selecionam e organizam sons em uma peça de música, por mais simples que suas tentativas possam ser, ainda assim eles estão compondo. (HARRIS E HAWKESLEY, 1989, p.2-4, apud FRANÇA, 2002, p. 3-4)

Portanto, é preciso contextualizar a composição em uma proposta de educação musical abrangente e redimensionar a nossa escuta para melhor apreciarmos as músicas de nossos alunos, pois ao desenvolvermos este tipo de atividade não significa que "[...] tudo o que se fizer será musicalmente significativo ou musicalmente válido. O potencial educativo da composição reside no significado e na expressividade que o produto musical é capaz de comunicar". (FRANÇA, 2002, p.4)

9. Referências

BELLINGHAUSEN, Ingrid Biesemeyer. **O Mundinho.** Difusão Cultural do Livro, 1998.

BRASIL, MINISTÉRIO DA EDUCAÇÃO. **Referencial Curricular Nacional Para a Educação Infantil.** Brasília: MEC/SEF, 1998. (Vol. 3)

_____. **Parâmetros Curriculares Nacionais para o Ensino Fundamental: ARTE - 1ª a 4ª séries.** Brasília: MEC/SEF, 1997.

BRITO, Teca Alencar. **Música na educação infantil: propostas para a formação integral da criança.** São Paulo: Peirópolis, 2003.

FRANÇA, Cecília C.; SWANWICK, Keith. Composição, apreciação e performance na educação musical: teoria, pesquisa e prática. **Revista Em Pauta,** Porto Alegre, v.13, n.21, p. 6-41, 2002.

HENSON´S, Jim. Barsa Hoobs, **Falar e Escrever.** São Paulo: Editorial Planeta, 2004.

HENSON´S, Jim. Barsa Hoobs, **Hábitos Saudáveis.** São Paulo: Editorial Planeta, 2004.

LOBATO, Monteiro. Proteínas e Carboidratos. **Cartilhas da Nutrição Fome Zero** F.N.D.E. São Paulo: Globo, 2001.

LOBATO, Monteiro. Alimentação Saudável. **Cartilhas da Nutrição Fome Zero** F.N.D.E. São Paulo: Globo, 2001

EDITORA MODERNA (Org.), [Obra coletiva, desenvolvida e produzida pela Editora Moderna], **Projeto Pitanguá História** (2ª e 3ª séries) São Paulo: Moderna, 2005.

EDITORA MODERNA (Org.), [Obra coletiva, desenvolvida e produzida pela Editora Moderna], **Projeto Pitanguá Geografia** (2ª e 3ª séries). São Paulo: Moderna, 2005.

EDITORA MODERNA (Org.), [Obra coletiva, desenvolvida e produzida pela Editora Moderna], **Projeto Pitanguá Ciências** (2ª, 3ª e 4ª séries). São Paulo: Moderna, 2005.

PERES, Sandra e TATIT, Paulo. **Canções Curiosas.** Palavra Cantada. 1998. 1 CD.

PERES, Sandra e TATIT, Paulo. **Canções de brincar.** Palavra Cantada. 1996. 1 CD.

PREFEITURA MUNICIPAL DE MOGI DAS CRUZES, SECRETARIA MUNICIPAL DE EDU-CAÇÃO. **Diretrizes Curriculares Municipais para a Educação da Infância.** Mogi das Cruzes/ SME Mogi das Cruzes - SP: 2007.

ROCHA, Ruth. **A Primavera da Lagarta.** Belo Horizonte: Formato Editorial, 1999. 1 CD.

SÁ e GUARABYRA. **O melhor de Sá e Guarabyra.** Manaus: Sonopress-Ritmo da Amazônia, 1997. 1 CD.

SILVA, Luiz Carlos da. **Pirahy: uma aventura no Tietê.** São Caetano do Sul/SP: Yendis Editora, 2006.

ZISKIND, Hélio. **Meu pé, Meu Querido Pé.** Manaus: Microservice Microfilmagens Reproduções Técnicas da Amazônia Ltda. São Paulo: Estúdio Hélio Ziskind Ltda, 1997. 1 CD.

Ensinando música com cores e sons: notação musical

EMESP Professora Jovita Franco Arouche

1. Introdução

Este material para ensino de música nasceu da observação de um método de ensino que busca desenvolver a comunicação de autistas a partir do emparelhamento de cores, cores e figuras, cores e palavras, palavras e figuras: o Método Teacch. Conforme sugerido por esse método, aos poucos estes símbolos vão sendo substituídos pela comunicação convencional. O Método Teacch foi desenvolvido no Estado da Carolina do Norte – EUA e aqui no Brasil tem como referência a AMA (Associação dos Amigos do Autista).

Com base nestas orientações, foi feita uma associação das cores do arco-íris com as notas musicais. Ao atribuir para cada nota musical uma determinada cor, surge uma notação musical relativa, que como código de fácil interpretação facilita a leitura de notas musicais, permitindo que alunos com problemas de verbalização possam tocar instrumentos com altura definida. (Xilofones, metalofones, teclado eletrônico etc).

Brincando e aprendendo: um novo olhar sobre o ensino de música
Ensinando música com cores e sons: notação musical
EMESP Professora Jovita Franco Arouche

2. Faixa etária indicada | 3. Número de participantes | 4. Material que faz parte do "Ensinando Música com Cores e Sons" | 5. Objetivos | 6. Conteúdos

2. Faixa etária indicada

A partir dos 6 anos.

3. Número de Participantes

Um aluno por instrumento

4. Material que faz parte do "Ensinando Música com Cores e Sons"

- Instrumento com altura definida: xilofone, metalofone, teclado ou instrumento confeccionado com material reciclado, como marimba de PVC.
- Etiquetas coloridas para serem coladas nas barras ou teclas dos instrumentos. Para cada cor são necessárias etiquetas em dois tamanhos: as maiores para as notas mais graves e as menores para as notas mais agudas, conforme explicado na Fase 1 deste material.
- Quadro magnético pautado ou placa de madeira com velcro adesivo, para fixação dos cartões.
- 3 jogos de cartões imantados ou de papel plastificado com velcro adesivo, com círculos nas cores: vermelho, laranja, amarelo, verde, azul claro, anil ou azul escuro e violeta.

5. Objetivos

- Ensinar alunos autistas ou com outras síndromes, principalmente alunos com dificuldade de verbalização, a tocar instrumentos de altura definida.
- Executar músicas por meio de uma leitura musical, com cores e figuras.

6. Conteúdos

- Exploração sonora
- Percepção melódica
- Escala de Dó maior

- Execução de pequenas peças musicais
- Notação musical

7. Como utilizar

Fase 1 - Preparo do instrumento musical

A relação cor/nota musical será conforme exemplo abaixo.

Dó Ré Mi Fá Sol Lá Si Dó Ré Mi Fá Sol Lá Si

O xilofone e o metalofone possuem 3 barras adicionais com as seguintes notas. Fá#, Lá# e Fá#. As notas Fá# serão etiquetadas com a mesma cor da nota Fá, levando em consideração o tamanho da Barra. A nota Lá# será etiquetada com a mesma cor da nota Si. A mesma exercerá a função da nota Si b, enarmônica de Lá#, conforme exemplo abaixo:

Fá# Lá# Fá#

Levar em consideração o tamanho da etiqueta em relação ao tamanho da tecla do instrumento. Para uma melhor sonoridade, as etiquetas deverão ser coladas

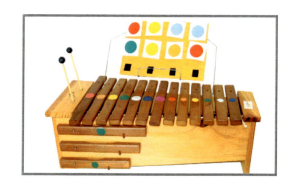

no centro da barra (no caso do xilofone ou metalofone), conforme foto abaixo. Estas etiquetas servirão de alvo para o aluno, que normalmente busca esta referência.

Fase 2 - Introdução ao Emparelhamento

Fazer o emparelhamento de cores, mostrando os cartões com círculos coloridos para os alunos, pedindo que percutam a barra do xilofone ou metalofone que corresponda à cor apresentada.

Caso o aluno apresente alguma dificuldade, colocar o cartão junto ao instrumento para facilitar o reconhecimento da igualdade da cor. Pode-se usar a palavra igual. Primeiro apresen-

Brincando e aprendendo: um novo olhar sobre o ensino de música
Ensinando música com cores e sons: notação musical
EMESP Professora Jovita Franco Arouche

tar apenas os cartões/notas isoladamente para o reconhecimento da cor, deixando no xilofone ou metalofone apenas as barras maiores.

Após este trabalho, criar combinações com no máximo duas notas. Para alunos com muita dificuldade de reconhecimento de cor, copiar os círculos em branco, para o aluno colorir na mesma sequência da atividade proposta, conforme fotos abaixo:

Ex: de combinação com apenas duas notas

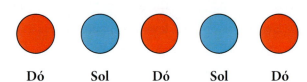

Fase 3 - Combinações com mais de duas notas

Esta fase é um pequeno avanço em relação à fase anterior. O professor fará combinações mais difíceis para os alunos aumentando a quantidade de notas, conforme exemplo e foto.

Obs: ainda não mostrar esta partitura para o aluno, montar a sequência com os cartões.

1-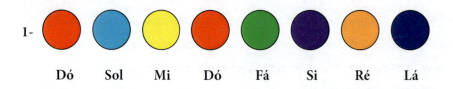

Fase 4: Tríade e escala de Dó maior

1. Tríade de Dó maior

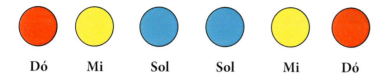

2. Escala de Dó maior

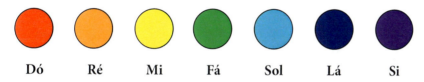

Fase 5 - Introdução da partitura impressa e pequenas peças musicais

Obs: Para auxiliar a memorização da música, copiar os círculos em branco, para o aluno colorir na mesma sequência da melodia proposta. A princípio, evitando confusão entre as notas, o professor deverá cobrir as notas que não estão sendo executadas e retirar do instrumento as barras que não serão utilizadas (Orff).

1 - A casinha da Vovó. (tocar a mesma sequência completa 4 vezes)

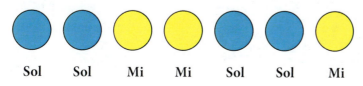

2 - Dó, Ré, Mi, Fá, Fá, Fá

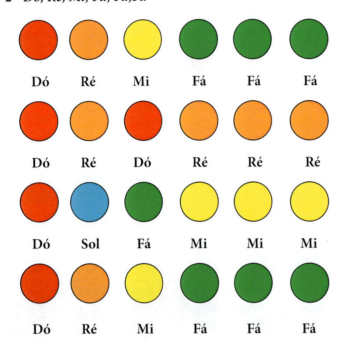

Fase 6 – Segunda Oitava

Nesta fase apresentamos a segunda oitava. As notas mais graves são apresentadas com figuras maiores.

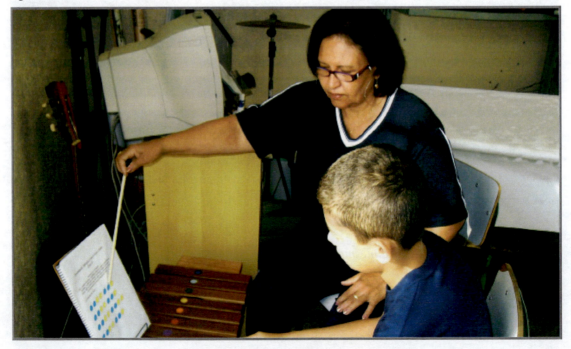

Brincando e aprendendo: um novo olhar sobre o ensino de música
Ensinando música com cores e sons: notação musical
EMESP Professora Jovita Franco Arouche
8. Fundamentação Teórica

Poc Poc Poc (Folclore alemão)

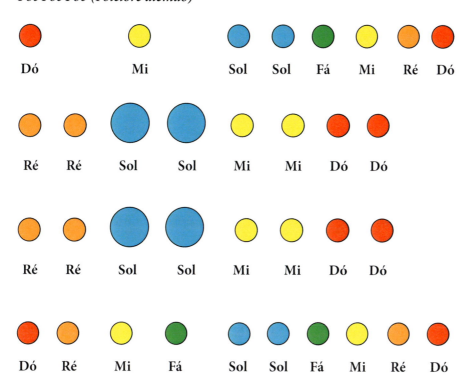

8. Fundamentação Teórica

Na educação especial, encontramos pessoas com os mais diversos tipos de limitação. Na escola onde este projeto foi desenvolvido, grande parte dos alunos tem algum tipo de comprometimento mental. Os mais comuns são:

- Autismo;
- Síndrome de Down;
- Paralisia Cerebral;
- Psicose, entre outros.

Com isto, poucos alunos conseguem ser alfabetizados e muitos deles não verbalizam, surgindo a necessidade de se estabelecer uma comunicação com estes alunos através de figuras e cores, apresentadas por meio de cartões. Este código, aos poucos, deverá ser substituído pela linguagem convencional, conforme sugere o método Teacch. Este método, que no Brasil tem como maior referencia a AMA – Associação dos Amigos do Autista - é adotado pela EMESP Professor Jovita Franco Arouche, escola onde se desenvolveu este material didático no trabalho com alunos autistas.

Portanto foi feita uma adequação da notação musical ao método Teacch, o que facilitou muito o trabalho das professoras, por já dominarem esta metodologia e a utilizarem para comunicação com estes alunos, principalmente os autistas.

Vale lembrar que a atuação dos professores é de fundamental importância, porque o aluno estabelece um vínculo afetivo com este profissional, muitas vezes não aceitando a presença de outras pessoas no seu ambiente.

Neste primeiro momento o ritmo ainda não é desenvolvido, pois atividades para o seu desenvolvimento ainda estão em estudo, mas é muito importante conseguir que o aluno toque no instrumento apenas a quantidade de vezes que é solicitada.

As cores escolhidas são: vermelho, laranja, amarelo, verde, azul, anil e violeta, conforme círculo elaborado por Isaac Newton por volta de 1665, optando por uma tonalidade mais clara para o azul, com o intuito de facilitar a distinção com o anil.

Organização das Cores

No livro *A Correspondência entre os Sons e as Cores*, Jorge Antunes sugere a mesma sequência de cores, porém partindo da nota Sol. Portanto, a disposição das cores no xilofone e metalofone, conforme esta orientação, ficaria conforme o exemplo abaixo:

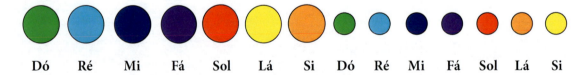

Seguindo a metodologia de leitura musical relativa do educador musical Zóltan Kodaly (Hungria) (Tônica Dó, ou dó móvel) e utilizando o xilofone Orff, que está na escala de Dó maior, foi feita uma adaptação, com a nota Dó assumindo a cor vermelha e em sequência toda a escala conforme exemplo abaixo:

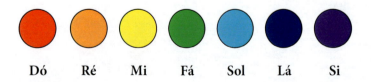

9. Para saber mais

Método Teacch

O método TEACCH foi desenvolvido na década de sessenta no Departamento de Psiquiatria da Faculdade de Medicina na Universidade da Carolina do Norte, nos

Brincando e aprendendo: um novo olhar sobre o ensino de música
Ensinando música com cores e sons: notação musical
EMESP Professora Jovita Franco Arouche

Estados Unidos, representando, na prática, a resposta do governo ao movimento crescente dos pais que reclamavam da falta de atendimento educacional para as crianças com autismo na Carolina do Norte e nos Estados Unidos. (Disponível em: <http://www.universoautista.com.br/autismo/modules/articles/article.php?id=42> Acesso em 14 dez. 2007.)

O disco de Newton: O disco de Newton é composto por sete cores, conforme exemplo ilustrado abaixo. Na legenda: a relação de cores e notas musicais. Para facilitar a distinção entre o azul e o anil, foi adotada uma tonalidade para a cor azul, mais clara do que a sugerida por Newton.

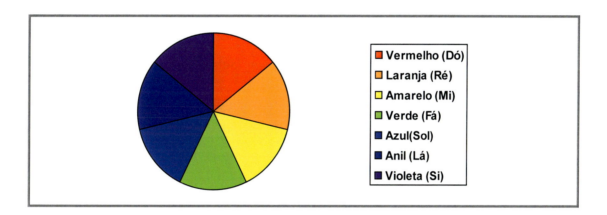

Por volta de 1665 Isaac Newton empreende de forma sistemática os estudos dos fenômenos luminosos com base na luz solar. Os resultados de suas investigações possibilitaram-lhe alcançar os mais altos graus conhecidos na época e são o tema do livro fundamental para a compreensão da cor: **Óptica, ou um tratado sobre a Reflexão, a Refração e as Cores da Luz,** publicado em 1704.

Depois de interceptar um raio de luz com um prisma, fazendo surgir as cores do espectro, Newton realizou uma operação adicional em que as cores ao atravessar um segundo prisma, ou uma lente convergente, recompunha a luz branca original. A decomposição da luz branca pelo prisma permitiu-lhe deduzir a separação espacial das cores simples que é obtida graças ao grau diferente da refração de cada cor revelado ao atravessar os corpos transparentes. Essa refração é caracterizada por certa grandeza, denominada índice de refração. As aferições dos raios refratados possibilitaram a Newton retirar a noção da cor do âmbito das impressões subjetivas, para introduzi-la no caminho das medidas e verificações matemáticas.

(PEDROSA, 2002, p.50)

Carl Orff (1895-1982) - Compositor, maestro e professor alemão criador do método de musicalização que leva seu nome e que - entre outros - faz uso de vários tipos de instrumentos de percussão com ou sem altura definida. Reconhecidos como instrumental Orff, são muito utilizados em escolas de música e de ensino regular, onde a música já está presente na sala de aula.

Os instrumentos com altura definida (xilofones e metalofones) desenvolvidos por Orff, são de extrema importância para este processo, pois possibilitam a retirada das barras que não estão sendo utilizadas, para facilitar o início do aprendizado.

Enarmonia - Duas notas são enarmônicas quando têm nomes diferentes, porém compartilham do mesmo som; isso quando se trata de instrumento temperado, ex: piano, xilofone, metalofone, violão, entre outros.

São notas enarmônicas:

Dó# e Réb - Ré# e Mib - Fá# e Solb - Sol# e Láb - Lá# e Sib

Tônica Dó ou Técnica do Dó móvel - Tem como maior referência de uso o Método Kodaly, desenvolvido pelo músico-educador Zóltan Kodaly tomando como referência a notação da escala de Dó maior para o desenvolvimento da música vocal, independente da tonalidade. Para cada nota são atribuídos algarismos romanos, conforme exemplo abaixo:

I - Dó II - Ré III - Mi IV - Fá V - Sol VI - Lá VII - Si

Assim sendo, ao escolher uma determinada tonalidade, por exemplo, trabalhando com a tonalidade de Mi maior, a nota Mi deverá ser cantada com o nome Dó, a nota Fá# será cantada Ré, a nota Sol# será cantada Mi e desta forma todas as outras notas, mantendo-se apenas a característica da escala tonalidade em questão, se é maior ou menor.

10. Referências

AMA: ASSOCIAÇÃO DE AMIGOS DO AUTISTA. **O Autismo.** Disponível em < www.ama.org. br> Acesso em 23/01/2008.

ANTUNES, Jorge. **A Correspondência entre os Sons e as Cores.** Brasília: Thesaurus, 1982.

CARVALHO, Sergio de & HOLANDA, Chico Buarque de: Produção e Direção. BARDOTTI, Sérgio: Texto original; ENRIQUEZ, Luiz: Música. Fábula Musical inspirada no conto dos Irmãos Grimm "Os músicos de Bremen". **Os Saltimbancos.** São Paulo: Philips, 1977. 1CD

CHEDIAK, Almir. **Harmonia & Improvisação: 70 músicas harmonizadas e analisadas.** 7ª ed. Rio de Janeiro: Lumiar,1986.

ESTADO DE MINAS GERAIS. **Projeto Música na Escola: Livro das Canções.** Belo Horizonte: Secretaria de Estado da Educação de Minas Gerais, s/d.

GIKOVATE,Carla. **Método Teacch para Pais.** Disponível em <http://www.carlagikovate.com.br/index_arquivos/Page790.htm > Acesso em 15/03/2009.

GOULART, Diana. **Dalcroze, Orff, Suzuki e Kodaly. Quatro educadores e suas metodologias: semelhanças, diferenças e especifidades.** Disponível em < http://www.dianagoulart.pro.br/bibliot/dkos.htm > Acesso em 17/01/2009.

ILARI, Beatriz. A música e o cérebro:algumas implicações do neurodesenvolvimento para a educação musical. **Revista ABEM,** Porto Alegre, n.9, p. 7 – 16, setembro 2003.

KIEFER, Bruno. **Elementos da Linguagem Musical.** 2. ed. Porto Alegre: Movimento, 1969.

LACERDA,Osvaldo. **Compêndio de Teoria Elementar da Música.** 3.ed. São Paulo: RICORDI,1967.

LOURO, Viviane dos Santos. **Educação Musical e Deficiência: Propostas Pedagógicas.** São José dos Campos: Ed. do Autor, 2006.

MAHLE, Maria Aparecida. **16 Peças Para Banda Rítmica: Melodias Folclóricas.** São Paulo: Irmãos Vitale Editores, 1969.

NAESS, Petter: Direção. **Mozart and the Whale.** (Versão em Português: Loucos de Amor). EUA Califórnia Filmes, 2005. 1 DVD.

OPERA PRIMA. **Método Kodaly.** Disponível em <http://operaprima.mus.br/pam/metodo.htm> Acesso em 15/03/2009.

PEDROSA, Israel. **Da cor A cor inexistente.** 8. ed. Rio de Janeiro: EDUFF, 2002.

SCHAFER, R. Murray. **O ouvido pensante.** São Paulo: Editora Unesp,1991.

UNIVERSO AUTISTA. **Método Teacch.** Disponível em <http://www.universoautista.com.br/autismo/modules/articles/article.php?id=42> Acesso em 14/10/2007.

WIKIPEDIA. **Dó Móvel.** Disponível em <http://pt.wikipedia.org/wiki/Técnica_do_dó_móvel> Acesso em 15/03/2009.

ZANETTI, Thiago Augusto de Souza; **Sobre o Schulwerk de Carl Orff,** Disponível em <http://recantodasletras.uol.com.br/artigos/90682 > Acesso em 23/11/2008.

11. Autores

Coordenadora da Escola
Cláudia Vidal Regueiro (colaboradora)

Música / Pesquisador estagiário
Cassiano Santos de Freitas

Educação Artística / Professor
Geraldo Monteiro Neto

História para sonorização

EM Profª. Noêmia Real Fidalgo

1. Introdução

Atenção, concentração e escuta atenta são necessárias para facilitar e ampliar o processo de alfabetização. Quando iniciamos o trabalho musical na escola, foi necessário "abrir os ouvidos" e explorar o universo sonoro existente ao nosso redor. Diante desses pontos e propondo atividades que pudessem ser realizadas no cotidiano de qualquer escola, partimos para a produção de histórias que pudessem ser sonorizadas pelos nossos alunos.

2. Faixa etária indicada

Alunos de 1º a 4º Termos da EJA (Educação de Jovens e Adultos)

3. Número de participantes

A partir de quatro pessoas.

4. Material que faz parte de "História para sonorização"

Tiana e a assombração

História escrita e produzida pela Profª Isaura de Siqueira, da EJA 3º e 4º Termos, com apoio na sonorização da Pesquisadora Estagiária em música Ana Maria de Souza.

Já eram 22 horas e a lua brilhava muito redonda no céu. Noite linda (*)! É linda, mas temerosa... (*). Não sei se porque do meio da aula em diante, o pessoal inventou de contar histórias de assombração, alma penada e sei lá mais o quê.

A verdade é que Tiana apertava o passo (*) e achava bom que chegasse o mais rápido possível em casa.

Não sabia por que o assunto de terror tinha ganhado tanto espaço na aula. Agora ela estava ali caminhando tropegamente (*) num lugar ermo.

-De repente, parece que os grilos (*) haviam acordado e, junto com eles, os sapos (*), os pássaros noturnos (*), as corujas (*), o vento (*) e até os galhos das árvores (*).

Se ao menos ela tivesse um namorado, quem sabe um marido, mas qual nada, nem um simples paquera na classe ela tinha! É, se tivesse alguém não estaria passando por este medo danado que estava sentindo agora!

Ai, o medo, tinha até se esquecido dele, mas agora que lembrou, o pânico tomou conta dela. E se aparecesse na sua frente uma daquelas assombrações que o pessoal tinha mencionado na classe?

Desesperada e já fora de si desembalou a correr (*) e quando viu a esquina da rua de sua casa, entrou com tudo. Entrou com tudo e "B U M" (*), deu um encontrão em algo, que voou longe (*).

Aí foi demais, os nervos que já estavam "por um fio", não agüentaram:
– AI, SOCORRO, UMA ASSOMBRAÇÃO!

Foi aí que a assombração, quer dizer, o sujeito se levantou do chão e falou firme:

Brincando e aprendendo: um novo olhar sobre o ensino de música
História para sonorização
EM Profª. Noêmia Real Fidalgo

– Se acalme mulher, você vem correndo que nem doida, me derruba e eu que sou a assombração! Pois olhe, que a minha santa mãezinha, que Deus a tenha (se benze) sempre disse que eu era muito bonitinho, sabia?

Então Tiana (*) olhou desconfiada para o desconhecido, olhou de novo (*), e de novo (*)... e então concluiu: mas não é que ele até que é um bonitão mesmo?

Ficou olhando tanto, que se esqueceu de falar alguma coisa.

Reginaldo, esse era o nome do moço, foi logo dizendo:

– Olhe moça, Reginaldo é a minha graça e assombração é que não sou, pois se fosse não ia te achar um "pitéuzinho", num sabe? E qual é a sua graça? (*)

Toda "derretida", Tiana respondeu:

– Tiana, a seu dispor e... me desculpe o tombo!

– Não foi nada não, até que foi legal levar uma trombada de alguém tão faceira (*)

E foi assim que, daquele dia em diante, Tiana nunca mais voltou sozinha da EJA, pois além de Reginaldo virar seu namorado e mais tarde marido, virou também aluno de sua sala.

E esta era pra ser uma história de assombração solta. Quem gostou, gostou, quem não gostou que conte outra! (**)

Observações:

(*) Nesses momentos, deverão entrar sons que estilizem a cena narrada, como (sugestão):

- deslizar a mão nos tubos do *carrilhão* (noite linda);

- uivar de lobo (tenebrosa);

- *castanholas* (imitar passos, corridas);

- animais citados (imitação dos sons de cada um dos animais);

- *agogô de madeira* (imitar o sapo);

- balançar de cartolina ou papel laminado (imitar o vento);

- movimentar arroz numa bacia (imitar o som dos galhos das arvores);

- tocar uma vez o *bumbo* (BUM);

- deslizar a baqueta nas teclas do *metalofone* (voou longe);

- inventar uma melodia no *metalofone* ou em outro instrumento melódico (nas cenas do olhar de Tiana para o rapaz);

- dar um toque no *triângulo* (Qual é a sua graça? ... faceira).

Brincando e aprendendo: um novo olhar sobre o ensino de música
História para sonorização
EM Profª. Noêmia Real Fidalgo

5. Objetivos | 6. Conteúdos | 7. Como utilizar

(**) Nesse momento sugere-se a música de Luís Vieira e Arnaldo Passos, gravada por Zizi Possi:

Menino de Braçanã

É tarde, eu já vou indo

Preciso ir embora...

5. Objetivos

- Desenvolver a criatividade, a expressividade e a imaginação.
- Desenvolver as percepções auditivas, visuais e táteis.
- Explorar os sons de objetos do cotidiano.
- Explorar os sons do próprio corpo.
- Trabalhar atenção e prontidão.
- Trabalhar em equipe.

6. Conteúdos

- Parâmetros do som: altura, intensidade, duração e timbre
- Andamento
- Ostinatos
- *Conteúdos atitudinais:* respeito ao colega no processo criativo/ inventivo
- Criação e sonorização de histórias

7. Como utilizar

- Tudo começa com a audição da história. Após ouvir a história, procurar sons que representem o enredo de forma linear, trazendo vida à história. As histórias podem ser criações dos próprios alunos ou dos professores da unidade escolar, bem como histórias já existentes, corriqueiras ou não, no repertório dos alunos.

Brincando e aprendendo: um novo olhar sobre o ensino de música
História para sonorização
EM Profª. Noêmia Real Fidalgo
8. Fundamentação Teórica

- Após este momento uma reflexão é proposta, fazendo com que os ouvintes prestem atenção em tudo que pode ter barulhos, ruídos, sons os mais diversos.

- No início é comum que os sons fiquem exagerados e estereotipados. Com a maturação do grupo, percebemos que existem nuances sonoras que nem sempre são ouvidas por nós. É neste momento que entra o trabalho com os conceitos de *ecologia acústica e paisagem sonora*, quando os alunos passam a perceber melhor os sons que nos rodeiam.

- São propostas explorações sonoras no ambiente da escola e em casa e assim este hábito vai criando raízes nos alunos. Nas rodas de conversa, percebemos que com um pouco de estímulo o mundo sonoro é desvendado, desde o barulho do chuveiro até o chiado do arroz no fogo. Papeis em nossas mãos, o passar de um objeto, o esfregar dos instrumentos ou objetos do cotidiano são sonoros, assim como o som do ventilador, das buzinas, da sala ao lado e, por que não, da lâmpada fluorescente quando já cansada?

E, dessa forma, dá-se a exploração necessária para se fazer uma história sonorizada que pode ou não ter instrumentos musicais propriamente ditos ou improvisados pela exploração e imaginação dos presentes. Divirta-se, entregue-se ao mundo sonoro que nos rodeia.

8. Fundamentação Teórica

A história faz parte de nossas vidas, sejam elas reais ou fictícias. Desde muito pequenos ouvimos histórias e quando passamos a perceber quão boas são as histórias, tornamos-nos ouvintes efetivos. Schafer (1991) escreve em seu livro sobre a "limpeza dos ouvidos", de quanto precisamos saber ouvir. Lembra-nos ele de que a sociedade é cada vez mais barulhenta e que muito de nossa sensibilidade auditiva vai se perdendo com o tempo. Por isso é preciso cuidar dos sons que nos rodeiam, procurando estar atentos ao objetivo principal da *ecologia acústica*. (Ver em "Para saber mais".) Pensando nesses conceitos e em outros vivenciados com esse foco, trabalhamos com história sonorizada sensibilizando nosso aluno para os sons do mundo.

A maioria dos nossos atos físicos produz som mas, às vezes, tão dispersos com o corre-corre do dia-a-dia, não nos damos conta desses eventos. É nesse momento que precisamos aprender a ouvir. Mas, como assim aprender a ouvir? Como fazer isso?

> ... a história também pode tornar-se um recurso precioso do processo de educação musical. O faz - de - conta deve estar sempre presente, e fazer música é, de uma maneira ou de outra, ouvir, inventar e contar histórias. (BRITO, 2003, p. 161).

Brincando e aprendendo: um novo olhar sobre o ensino de música
História para sonorização
EM Profª. Noêmia Real Fidalgo

Este foi um caminho que encontramos para despertar a atenção dos alunos para os eventos sonoros. Contar história é se expressar verbal e corporalmente. Nesse âmbito podemos explorar esses conhecimentos, formando pessoas mais críticas e atentas. Trabalhamos nesse processo a questão da linearidade e a concomitância dos eventos sonoros, a atenção e a concentração desses alunos de forma lúdica e prazerosa.

> A escolha da história funciona como uma chave mágica e tem importância decisiva no processo narrativo. Falei chave, não falei "varinha". Chave requer habilidade para ser manejada – habilidade que se conquista com empenho e estudo. (COELHO, 1994, p.20)

> Estudar uma história é, em primeiro lugar, divertir-se com ela, captar a mensagem que nela está implícita e, em seguida, após algumas leituras, identificar os seus elementos essenciais, isto é, que constituem a sua estrutura. (COELHO, 1994, p.21)

Estudando a história seus sons vêm à nossa imaginação e a partir da exploração de diferentes sons em objetos do cotidiano, em instrumentos musicais, podemos dar som e vida a essa história. Nesse momento, todas as opiniões devem ser levadas em conta. Segundo Brito (2003), esse momento é importante porque traz a introdução a diferentes possibilidades sonoras que um instrumento pode produzir.

Não podemos nos deixar levar por estereótipos, lembrando sempre que o caminho é a comunicação clara dos fatos e a expressividade. Partimos, então, para vivência e discussões sobre o tema.

> Quando falamos do vento, por exemplo, a reação normal é pôr-se a soprar como o vento no deserto. Mas que som tem a brisa leve? Se possível, devemos observar a ação da brisa, ela não soa, podemos vê-la brincar com as harpas eólias, balançar as folhagens, ou acariciar nossa pele. Mas dificilmente poderíamos ouví-la. Como então produzir o som de uma brisa leve? Talvez evocando essas imagens do que produz nos objetos e em nós, talvez fazendo soar sininhos com leveza, talvez um som sutil de papel que se move. (PAREJO, 2008, p.13).

A sonorização de histórias não é um evento feito uma única vez, repete-se muitas vezes e ao se repetir, torna-se mais refinado e verdadeiro. No entanto, deve-se manter vivo o interesse dos alunos e a participação é um dos fatores de avaliação desse processo.

9. Para saber mais

Ecologia acústica:

> (...) é o estudo dos efeitos do ambiente acústico nas respostas físicas ou características comportamentais das criaturas que vivem nele. Segundo Murray Schaffer, *The turning of the world,* Mcclelland and Stewart, 1997, o objetivo principal da ecologia acústica é chamar a atenção para os desequilíbrios (nessas relações) que podem ausar efeitos prejudiciais à saúde.(BRASIL, PCN 5ª a 8ª séries, 1998, p. 80).

Paisagem sonora:

> (...) Tradução do termo "soundscape". Tecnicamente qualquer parte do ambiente sonoro é tomada como campo de estudo. O termo pode referir-se tanto a ambientes reais, quanto a construções abstratas, tais como composições musicais, montagens em fita, particularmente quando consideradas como um ambiente. (BRASIL, PCN 5ª a 8ª séries, 1998, p. 80).

Obs. Após a leitura desse texto, você e sua equipe podem selecionar ou criar histórias que lhe tragam sons à mente. Aproveite para exercitar suas habilidades de educador e bom trabalho.

10. Referências

BRASIL. Secretaria de Educação Fundamental. **Parâmetros Curriculares Nacionais: Arte** - 1ª a 4ª séries do Ensino Fundamental. Brasília: MEC/SEF, 1997.

_____. **Parâmetros Curriculares Nacionais**: Arte - 5ª a 8ª séries do Ensino Fundamental. Brasília: MEC/SEF, 1998.

BRITO. Teca Alencar de. **Música na Educação Infantil: propostas para a formação integral da criança.** São Paulo: Peirópolis, 2003.

COELHO, Betty. **Contar histórias uma arte sem idade.** 5. ed. São Paulo: Ática, 1994.

PAREJO, Enny. **Iniciação e sensibilização musical pré-escolar. Módulo II: práticas musicais.** São Paulo, 2008. (Mimeo.)

SCHAFER, Murray. **O ouvido pensante.** São Paulo: Unesp, 1991.

11. Autores

Diretora
Maria de Fátima Pereira de Melo

Vice-diretora
Nathalia Takaoka Aoyama

Coordenadora
Naete da Conceição Rosendo de Lima

Música / Pesquisadoras Estagiárias
Ana Maria de Souza
Tatiane Mendes Carvalho

Professoras Colaboradoras
Ana Maria Pinheiro de Melo
Fabiana Pacces Lopes
Isaura de Siqueira
Rosana Maza Grandinetti

Montando a orquestra

EM Profa Maria José Tenório de Aquino Silva

1. Introdução

A ideia de fazer um jogo que trabalhasse com imagens de instrumentos de orquestra surgiu quando trabalhamos algumas músicas eruditas como *Pedro e o Lobo* de Prokofiev e *O Carnaval dos Animais* de Saint-Säens. Percebemos que os alunos conheciam muitos instrumentos que existiam na escola, mas desconheciam os instrumentos de orquestra. Não apenas por não haver esses instrumentos na escola, mas por não serem instrumentos presentes no cotidiano dessas crianças.

Há diversos jogos de quebra-cabeça para crianças, dentre eles alguns que mostram imagens de instrumentos musicais. No entanto, pensamos em criar algo diferenciado, algo que pudesse ser divertido, atrair a curiosidade das crianças e possibilitar um grande número de conteúdos musicais.

Assim, montamos um quebra cabeça que além de divertido oferece ao aluno uma oportunidade de conhecer os instrumentos da orquestra, a orquestra de forma geral e as formas de organização dessa orquestra com suas famílias de instrumentos.

Brincando e aprendendo: um novo olhar sobre o ensino de música
Montando a orquestra
EM Profa Maria José Tenório de Aquino Silva

2. Faixa etária indicada | 3. Número de jogadores | 4. Materiais que fazem parte do jogo

Para tornar o jogo mais divertido, elaboramos algumas atividades para serem feitas antes de montar o tabuleiro, utilizando conteúdos de linguagem musical, como imitação e exploração sonora, percepção e memória auditiva etc. Com isso, o jogo deixa de ser apenas um passa-tempo para tornar-se um material de grande apoio ao professor que deseja trabalhar com a linguagem musical. Assim, o jogo pode apresentar diversos instrumentos para as crianças, além da formação da orquestra com seus naipes.

2. Faixa etária indicada

3 a 5 anos

3. Número de jogadores

Mínimo: 04 jogadores
Máximo: 20 jogadores

4. Materiais que fazem parte do jogo

- Tabuleiro
- 04 conjuntos de peças com cores diferentes (amarelo, azul, verde, vermelho) que compõem um gráfico da formação de uma orquestra sinfônica.

Brincando e aprendendo: um novo olhar sobre o ensino de música
Montando a orquestra
EM Profa Maria José Tenório de Aquino Silva

- 21 cartões com atividades a serem desenvolvidas

    - Toque algum chocalho

    - Toque o ganzá

    - Toque as clavas

    - Toque o tambor do mar

    - Imite o som de um gato

    - Imite o som de uma cachoeira

    - Imite o som do elefante

    - Toque o carrilhão

    - Toque o xilofone

    - Cante uma música

    - Imite o som de um avião

    - Imite o som de um espirro

    - Toque um instrumento que reproduza o som do sapo

    - Imite o som de um pássaro

    - Imite o som do cavalo

    - Toque um instrumento que reproduza o som da chuva

    - Toque o triângulo

    - Toque o black black

    - Imite sons que tem na cozinha

    - Imite o som de um carro

    - Imite o som do vento

- 06 cartões de sorte ou sorte ao revés

    - SORTE: Coloque uma peça e jogue outra vez

    - SORTE AO REVÉS: Fique uma rodada sem jogar

    - SORTE: Tire uma peça de outra equipe

    - SORTE: pule a vez da equipe seguinte

    - SORTE: coloque mais uma peça de sua equipe no tabuleiro

    - SORTE AO REVÉS: Tire duas peças de sua equipe do tabuleiro

Brincando e aprendendo: um novo olhar sobre o ensino de música
Montando a orquestra
EM Profa Maria José Tenório de Aquino Silva

5. Objetivos do jogo | 6. Conteúdos do jogo

* Todos os 27 cartões que acabaram de ser citados, encontram-se no CD que acompanha este livro. A seguir 4 exemplos destes cartões de atividades.

5. Objetivos do jogo

- Apoiar os professores no desenvolvimento da linguagem musical.
- Contribuir para que a música erudita esteja presente no cotidiano dos alunos.
- Conhecer a formação de uma orquestra.
- Conhecer diferentes instrumentos musicais.
- Promover a aprendizagem e a interação dos participantes a partir do lúdico.

6. Conteúdos do jogo

- Exploração e imitação sonoras.
- Percepção musical.
- Reconhecimento de instrumentos musicais, seus timbres e características.
- Conhecimento dos parâmetros sonoros (altura, timbre, intensidade e duração).
- Conhecimento da formação da orquestra e seus instrumentos.
- Ampliação do repertório musical.
- Apreciação musical.
- Trabalho com memorização, concentração e organização.
- Conteúdos atitudinais: Respeito para com os colegas; cuidado com os instrumentos musicais; desenvolvimento da socialização.

7. Como jogar

A - A sala é dividida em até 4 grupos, um grupo por vez pega uma carta que poderá ser uma *atividade* ou *sorte/sorte ao revés*.

Atividade: As crianças deverão desenvolver a atividade escrita/fotografada no cartão. Feita a atividade, o grupo coloca uma peça de seu quebra-cabeça no tabuleiro.

Sorte ou Sorte ao Revés: As crianças seguem as instruções escritas no cartão.

O jogo termina quando o tabuleiro estiver totalmente montado.

Ao final do jogo, o grupo que tiver mais peças no tabuleiro ganha.

B - Pode-se, também, trabalhar a percepção sonora das famílias de instrumentos da orquestra por meio da seguinte variação:

Depois de jogar toda a fase **A**, pode-se passar para a fase **B**. Toca-se uma música de uma família específica de instrumentos, e o aluno deve identificar esta família e montar a peça equivalente a ela. Por exemplo: Toca-se um trecho da Serenata para Cordas de Dvorak, então, o aluno deve montar alguma peça referente à família das cordas.

Para essa variação, o professor pode optar por músicas específicas das famílias das cordas, dos metais, ou das madeiras. Essa escolha é livre e o professor pode optar por trabalhar diversas músicas. No entanto, sugerimos:

Família das cordas

Serenata para cordas em E maior, de Anton Dvorak

Quartetos de cordas (Mozart, Haydn, Beethoven,...)

24 Caprichos para violino, de Nicolau Paganini

Suítes para violoncelo, de Johann Sebastian Bach

Família das madeiras

Viveiro de pássaros (O carnaval dos animais), de Camille Saint-Saëns

Concerto para flautas em Ré maior, de Wolfgang A. Mozart

Concerto para fagote em Mi bemol Maior, de Antonio Vivaldi

Família dos metais

Quinteto de metais (Mozart, Haydn,...)

Concerto No. 2 para Trompa e Orquestra em Ré Maior, de Joseph Haydn

Família da percussão

Ionisation, de Edgard Varèse

Variações Rítmicas, de Marlos Nobre

Concerto para Marimba, de Darius Milhaud

Concerto para Percussão, de Darius Milhaud

Instrumentos comuns em obras orquestrais

- Piano (representando o grupo):

24 Prelúdios, de Fréderic Chopin

A prole do Bebê, de Heitor Villa-Lobos

Concerto nº1 para Piano e Orquestra, de Schumann

O CD *Instruments of the orchestra*, de Yehudi Menuhin, também oferece diversos exemplos.

8. Fundamentação Teórica

A exploração sonora mostra-se como conteúdo dos mais importantes durante a fase da educação infantil, pois, neste momento, as crianças estão compondo seu repertório de sons que é a matéria bruta da música.

Para auxiliar as crianças a conhecer uma grande variedade de sons e maneiras de produzi-los, os instrumentos musicais são apoio importante para o professor. Apresentar uma variedade grande de instrumentos aos alunos, mostrar como cada instrumento produz o som e suas características próprias, possibilitam ao aluno ter domínio sobre a produção destes sons, tendo, assim, mais liberdade quanto à criação de sons que desejar produzir.

Este conhecimento pode ser adquirido não só por atividades do fazer como também por atividades do apreciar e do contextualizar. Instrumentos que estão fora do cotidiano da criança ainda assim podem ser utilizados, através da escuta e do diálogo de como esse instrumento produz as características próprias do seu som.

Muitas vezes, o fazer é muito mais trabalhado do que o apreciar. No entanto, o pouco que se tem feito em apreciação utiliza músicas já presentes no dia-a-dia da criança, como as canções

Brincando e aprendendo: um novo olhar sobre o ensino de música
Montando a orquestra
EM Profa Maria José Tenório de Aquino Silva

infantis. É necessário que o trabalho com apreciação musical seja diversificado, levando também aos alunos músicas que não estejam presentes no seu cotidiano.

> É importante oferecer, também, a oportunidade de ouvir música sem texto, não limitando o contato musical da criança com a canção que, apesar de muito importante, não se constitui em única possibilidade. (BRASIL, 1998, p. 65)

A música erudita não está presente no cotidiano dos alunos. No entanto, ajuda a compreender grande parte da música de hoje. É necessário cuidar para que esse trabalho não distancie ainda mais o aluno da música erudita. Faz-se necessário conhecer diferentes formas de apresentar a música erudita, para que se torne agradável aos ouvidos dos alunos.

É importante avaliar o que o aluno consegue compreender da música. Reconhecer contrastes claros de timbres ou andamentos pode ser muito mais fácil do que reconhecer que a música apresenta um tema e que, no decorrer da peça, esse tema é trabalhado em forma de variações. Isso não quer dizer que não seja possível, pois um grupo que desenvolveu durante o ano diversas atividades sobre tema e variações, pode perceber com facilidade esta característica em algumas obras.

Por isso, é importante a presença da avaliação contínua e um conhecimento sobre como ocorre o desenvolvimento musical das crianças.

O educador musical Keith Swanwick criou uma teoria do desenvolvimento musical, sugerindo que esta acontece de forma espiralada, onde a criança passa por alguns níveis em sequência hierárquica: material sonoro (sensorial e manipulativo), caráter expressivo (pessoal e vernacular), forma (especulativo e idiomático) e valor (simbólico e sistemático).

Segundo esta ideia, a primeira etapa é a sensação, seguida do reconhecimento e do controle do material sonoro, ou seja, mesmo os alunos que consigam atingir outros níveis de entendimento, percebem este primeiro, por ser o mais acessível. Não coincidentemente este nível material está diretamente ligado à exploração sonora, que é tão presente nesta faixa etária.

> Embora o modelo não vincule os níveis de desenvolvimento a idades fixas, ele sugere uma sequência invariável com um poder de previsibilidade considerável. (SWANWICK In: FRANÇA, 1999, p. 12)

Procurando levar a música erudita ao aluno de forma prazerosa e compreensiva, parece-nos que a primeira forma indicada é por meio do material sonoro, ou seja, das características do som. Os instrumentos musicais da orquestra apresentam uma grande oportunidade de estabelecer esse elo. Por intermédio destes pode-se explorar os sons por meio da apreciação, contextualizar discutindo o porquê de certo instrumento criar determinadas características sonoras e comparar essas características por meio da organização orquestral. Este trabalho aproxima a música erudita dos alunos propiciando apoio em sua escuta.

9. Para saber mais

- **Naipes:** Os instrumentos de orquestra são divididos em naipes, ou seja, conjuntos de instrumentos com material, mecânica, ou técnica similar. Esses grupos de instrumentos são chamados também de famílias.

- **Família das cordas:** a família das cordas é formada por instrumentos geralmente de madeira, cujo som é feito por meio da vibração de cordas friccionadas ou pulsadas. Na orquestra, a família das cordas é formada pelo violino, viola, violoncelo e contrabaixo.

- **Família dos metais:** a família dos metais é formada por instrumentos de sopro feitos de metais, tais como tuba, trombone, trompete e trompa.

- **Família das madeiras:** a família das madeiras é formada por instrumentos também de sopro, mas feitos de madeira, com exceção da flauta transversal, que pertence a esta família porque, antigamente, era feita de madeira.

- **Família da percussão:** a família da percussão é formada por instrumentos nos quais é necessário percutir alguma parte do instrumento para ter o som. Por exemplo: tambores, xilofones, metalofones, chocalhos, tímpanos, etc.

- **Instrumentos comuns em obras orquestrais:** Além das famílias de instrumentos característicos das orquestras, outros instrumentos são frequentemente usados e, muitas vezes, são cargos fixos de grandes orquestras por seu uso constante. Entre esses instrumentos e algumas obras em que são utilizados, podemos citar: o piano (Valsa em Ré Bemol, Op.64, N.1 (Valsa do Minuto) de Chopin), o Saxofone (Rhapsody in blue, de George Gershwin), o violão (Sinfonia Nº7, de Gustav Mahler) e a Harpa (Carmen, de George Bizet).

10. Referências

ARGENTINA. Gobierno de La Ciudad Autónoma de Buenos Aires. **Diseño Curricular para La Educacion Inicial.** Buenos Aires: Secretaria de Educación, 2000.

BRASIL. MINISTÉRIO DA EDUCAÇÃO. **Referencial Curricular Nacional para a Educação Infantil.** MEC/SEF, Brasília, 1998. (v.3)

BRITO, Teca Alencar de. **Música na Educação Infantil: propostas para a formação integral da criança.** 2. ed. , São Paulo: Peirópolis, 2003.

FRANÇA, Cecília Cavalieri; SWANWICK, Keith. Composing, performing and audience-listening as indicators of musical understanding. **British Journal of Musical Education,** Cambridge: Cambridge University Press, v.16, n.1, p.5-19, 1999. Disponível em: <http://www.ceciliacavalierifranca.com.br > Acesso em 14/12/2008.

HAYES, Ann. **Conheça a orquestra.** São Paulo: Ática, 2001.

HENTSCHKE, L; KRÜGER, S E; DEL BEM, L; CUNHA, E S. **A orquestra tintim por tintim**. São Paulo: Moderna, 2005.

LACERDA, Oswaldo. **Compendio de teoria elementar da música.** 11. ed. São Paulo: Ricordi Brasileira, 1961.

MENUHIN, Yehudi. **Instruments of the orchestra.** Holland: EMI Records Ltd., 1995.1 CD

11. Autores

Diretora
Márcia de Carles Gouvêa

Música / Pesquisador Estagiário
André José Rodrigues Junior

Professoras
Ana Esmeralda Franco e Souza
Andreza Fabíola R. Miranda
Anna Rita Del Giovannino de Oliveira
Christiane Lohnhoff Ariza
Dulcimar Sant'anna da Silva
Leida Lúcia Trandafilov
Luciana Martins de Souza
Márcia Caldano Pires
Maria Vitória L. C. dos Santos
Marina Paula de M. J. Souza
Viviane S. Barreto de Morais

O carnaval dos animais

EM Dom Paulo Rolim Loureiro

1. Introdução

A EM Dom Paulo Rolim Loureiro participa do Projeto de Música *Tocando, Cantando,... fazendo músicas com crianças* há 5 anos. Vem desenvolvendo com as crianças conceitos musicais a partir da prática. Assim, som/silêncio, pulso, melodia, frases musicais fazem parte do conhecimento e do fazer musical das crianças. **Escuta ativa, improvisação, criação e interpretação musicais** em diferentes estilos musicais, da música popular à erudita, sendo que a "música clássica"[1] *é marca registrada da escola.*

A EM Dom Paulo é uma escola rural de Educação Infantil e nossos alunos têm de 2 a 6 anos. A "música clássica" é com a qual eles mais se identificam e os professores se sentem à vontade e

---

[1] "Música Clássica": utiliza-se "música clássica" entre aspas referindo-se à música erudita, pois, popularmente assim ela é denominada. Não se refere, portanto, exclusivamente às músicas do Classicismo.

Brincando e aprendendo: um novo olhar sobre o ensino de música
O carnaval dos animais
EM Dom Paulo Rolim Loureiro

2. Faixa etária indicada | 3. Número de jogadores | 4. Materiais que fazem parte do jogo

se encantam pelo trabalho desenvolvido com ela. Com isto, a escola se envolveu com *O Carnaval dos Animais,* de Camille Saint-Saëns. O trabalho foi integrado com as áreas do conhecimento presentes na Educação Infantil, sendo mais aprofundado em música. Os alunos conheceram os animais desta obra por meio de *escuta ativa, contextualizada* com a história da obra e de seu autor. O *jogo* foi a parte na qual os alunos mostraram todo o conhecimento que tiveram com a obra, pois só poderiam concluir o trajeto do jogo se respondessem corretamente as questões que lhes eram propostas.Todo o trabalho foi completado e enriquecido com a **apreciação** de *O Carnaval dos Animais* na Sala São Paulo, por meio do "Programa Descubra a Orquestra" (OSESP), junto ao programa "Caminhando e Conhecendo"[2], promovido pela Secretaria Municipal de Educação de Mogi das Cruzes.

O encantamento de todos nos faz, a cada dia, conhecer e explorar as músicas eruditas, o que nós aqui na escola chamamos de "música das crianças".

2. Faixa etária indicada

A partir de 03 anos

3. Número de jogadores

2 equipes ou 2 grupos de 10 crianças

4. Materiais que fazem parte do jogo

- 1 cartela em E.V.A.[3] que indica o início do jogo.

- 9 cartelas em E.V.A. de cores variadas, com perguntas para serem dispostas no chão.

- 9 cartelas de cores variadas, em papel "color set", com imagens de animais e instrumentos musicais, indicando as respostas. Essas cartelas poderão ser dispostas em mesa ou parede, ou seja, local visível para as crianças encontrarem as respostas.

---

2 O Projeto "Caminhando e Conhecendo" tem como objetivo incentivar a realização de excursões de caráter educativo, como parte integrante da proposta escolar. Cada escola planeja as excursões que realizará e a SME fornece os ônibus para transporte. Todos os alunos devem participar da atividade, sem custo para a família.
3 EVA (Etil Vinil Acetato) é uma borracha não tóxica que é utilizada em diversas atividades artesanais.

Brincando e aprendendo: um novo olhar sobre o ensino de música
O carnaval dos animais
EM Dom Paulo Rolim Loureiro

- 1 dado (Apenas com uma a três "bolinhas")

- Gabarito com perguntas e respostas.

- 01 caixa para guardar o jogo.

- 01 CD com a música *O Carnaval dos Animais*, de Camille Saint-Saëns.

O Carnaval dos Animais de Camille Saint-Saëns

Gabarito de perguntas e respostas

1. Minha forma é esta: Δ .Que instrumento musical eu sou? *(Ouvir a faixa nº08, do CD Carnival of the Animals, onde está este som).*

    R: Triângulo.

2. Sou o Rei dos Animais... *(Ouvir a faixa nº02, do CD Carnival of the Animals, onde está este som).*

    R: Leão.

3. Sou o lugar onde os peixes ficam na sua casa... *(Ouvir a faixa nº08, do CD Carnival of the Animals, onde está este som).*

    R: Aquário.

4. Camille me usou para representar as lições do pianista. Você sabe qual instrumento musical eu sou? *(Ouvir a faixa nº 12, do CD Carnival of the Animals, onde está este som).*

    R: Piano.

5. Tenho tromba e como amendoim. Sou o... *(Ouvir a faixa nº 06, do CD Carnival of the Animals, onde está este som).*

    R: Elefante.

6. Esqueci o meu nome... Você sabe qual é? *(Ouvir a faixa do nº 02 do CD Carnival of the Animals, onde está este som).*

    R: Violino.

7. Sou um pássaro, mas todos me conhecem como um relógio. *(Ouvir a faixa nº10, do CD Carnival of the Animals, onde está este som).*

    R: Cuco.

Brincando e aprendendo: um novo olhar sobre o ensino de música
O carnaval dos animais
EM Dom Paulo Rolim Loureiro
5. Objetivos | 6. Conteúdos | 7. Como jogar

> **9. Represento o CUCO no bosque. Sou um instrumento de sopro. Qual é o meu nome?** *(Ouvir a faixa nº10, do CD Carnival of the Animals, onde está este som).*
> R: Clarineta

5. Objetivos

- Desenvolver a percepção musical.
- Conhecer elementos da obra musical *O Carnaval dos Animais*, de Camille Saint-Saëns.
- Conhecer instrumentos musicais presentes nesta música e respectivos timbres.
- Proporcionar às crianças o desenvolvimento da atenção e da memória musical.
- Ampliar o repertório de músicas eruditas.

6. Conteúdos

- Contextualização da obra musical *O Carnaval dos Animais*, de Camille Saint Saëns.
- Tipos de animais que fazem parte desta música.
- Percepção Musical
- Memória Musical
- Andamento
- Instrumentos musicais de cordas, de sopro e de percussão.

7. Como jogar

- Iniciar contextualizando o jogo, contando um pouco sobre aspectos históricos a respeito do compositor Camille Saint-Saens e de sua obra *O Carnaval dos Animais*.
- Para o trabalho com as crianças pode-se ouvir a versão presente na gravação do **Projeto Opus Um - Música clássica para crianças,** da Rádio - Cultura FM . O Projeto Opus Um foi um programa radiofônico da Rádio Cultura FM de São Paulo, destinado ao público

Brincando e aprendendo: um novo olhar sobre o ensino de música
O carnaval dos animais
EM Dom Paulo Rolim Loureiro

infantil, que foi ao ar em 1991. No caso de *O Carnaval dos Animais,* a história desta música é contada durante a execução da mesma.

- Brincar com as crianças imitando os animais presentes nesta obra de Saint-Saëns. Se for o elefante, as crianças podem andar como ele e se for o leão, imitar a voz dele.

- Em outro momento, ouvir alguns temas dos animais desta música e procurar descobrir com qual animal se parece e porquê. Esta é uma atividade muito interessante, pois professor e alunos exercitam a percepção e mostram como as crianças gostam de música erudita.

- Ouvir a obra *O Carnaval dos Animais* de Camille Saint-Saëns por partes, para tentar identificar cada animal. Planejar um a dois animais por vez. Quando as crianças já conseguirem identificar, aí avançar para os outros animais. É importante que ao desenvolver o trabalho seja integrado com as outras áreas do conhecimento, pois, os alunos identificam o animal e podem fazer uma dobradura, recorte de revista ou representar por meio do desenho. Assim, o trabalho fica completo e significativo para as crianças.

O Carnaval dos Animais / Camille Saint-Saëns

1. Introdução
2. Marcha dos leões
3. Galinhas e galos
4. Burros selvagens
5. Tartarugas
6. Elefantes
7. Cangurus
8. Aquário
9. Animais de orelhas compridas
10. Cuco
11. Pássaros
12. Pianistas
13. Fósseis
14. Cisne
15. Final

- Desenvolver atividades de escuta ativa com alguns temas musicais referentes aos animais. Na escola, escolhemos de início os seguintes: leões, galinhas, tartarugas, elefantes, cangurus, aquário e o cuco, sendo que até o final do trabalho as crianças conheciam todos.

Brincando e aprendendo: um novo olhar sobre o ensino de música
O carnaval dos animais
EM Dom Paulo Rolim Loureiro

- Após toda a vivência e conhecimento da obra, poderá se iniciar a proposta do jogo com o grupo:
  - Estender as peças das perguntas no chão, em forma de trilha.

  - Dispor as peças das respostas (imagens de animais e instrumentos musicais) em local visível para os alunos.
  - Jogar o dado para saber qual o grupo/equipe que iniciará o jogo.
  - Iniciado o jogo, jogar novamente o dado para saber o número de casas que o primeiro representante do grupo irá andar na trilha.
  - Mudar as duplas representantes do grupo a cada jogada, tendo assim que lançar o dado para ver de quem é a chance de avançar no jogo.
  - No momento da pergunta, coloca-se um pequeno trecho da música, correspondente à resposta. Por exemplo: **Tenho tromba e como amendoim. Sou o...** *(Ouvir a faixa n.6- The Elephant - do CD Carnival of the Animals)*. A criança poderá mostrar a figura do elefante (peça do jogo) ou responder oralmente: *Elefante*.
  - A cada resposta correta avança-se e ganha-se um ponto; errando, mantém-se no lugar.
  - A respostas poderão ser orais ou por meio dos cartões figurativos.

- O jogo inicia e finaliza na peça do jogo *O Carnaval dos Animais*. Portanto, os participantes deverão ir e voltar na trilha, dando oportunidade de grande parte das questões do jogo ser respondida.

OBSERVAÇÃO

* Este jogo somente poderá ser desenvolvido após vários trabalhos realizados com a obra *O Carnaval dos Animais*, de Camille Saint-Saëns.

8. Fundamentação Teórica

O desenvolvimento musical das crianças se amplia por meio de atividades lúdicas, do movimento, de brincadeiras, do faz de conta,.... O jogo, quer seja *sensório-motor*, *simbólico* ou *de regras* auxilia neste processo de desenvolvimento global das crianças.

> A criança possui essa noção instintiva de ritmo, mas a princípio não tem controle sobre ele, devido à falta de maturação de seu sistema nervoso, que a impede de estabelecer as coordenações neuromusculares necessárias. Isso explica os numerosos e pacientes exercícios aos quais a criancinha se entrega. Ela brinca com sons e movimentos cadenciados, da mesma forma como brinca com formas e cores. Cria fantasias e sente necessidade de extravasar seus pensamentos e sentimentos por meio de formas concretas. Os jogos sensório-motores que realiza constituem esforços de organização da inteligência, através dos quais construirá seu conhecimento a respeito das formas, dos sons, dos movimentos, do tempo e do espaço.
>
> Experiências demonstram que, desde a idade de 1 ano, aproximadamente, a música incita o bebê a se balançar, embora não haja sincronização entre o ritmo da música e o balanço. Por volta dos 3 ou 4 anos de idade, essa sincronia se estabelece.
>
> A psicologia contemporânea tem destacado a importância e a estreita relação que existe entre o desenvolvimento das noções gerais de espaço e tempo e o desenvolvimento harmonioso da criança e seu crescente domínio do movimento ritmado. (JEANDOT, 1990, p.26)

Jogo de exercício sensório motor

A atividade lúdica surge, primeiramente, sob a forma de simples exercícios motores, dependendo para sua realização apenas da maturação do aparelho motor. Sua finalidade é tão somente o próprio prazer do funcionamento. Daí dizer-se que o que caracteriza este tipo de jogo é o prazer funcional.(...)

Jogo simbólico

(...) O jogo simbólico se desenvolve a partir dos esquemas sensório- motores que, à medida que são interiorizados, dão origem à imitação e, posteriormente, à representação.

A função desse tipo de atividade lúdica, de acordo com Piaget, "considere em satisfazer o seu eu por meio de uma transformação do real em função dos desejos: a criança que brinca de boneca refaz sua própria vida, corrigindo-a à sua maneira, e revive todos os prazeres ou conflitos, resolvendo-os, compensando-os, ou seja, completando a realidade através da ficção".(...)

Jogo de regras

O que caracteriza o jogo de regras, como o próprio nome diz, é o fato de ser regulamentado por meio de um conjunto sistemático de leis (as regras) que asseguram a reciprocidade dos meios empregados.(...) Portanto, esta forma de jogo pressupõe a existência de parceiros, bem como de certas obrigações comuns (as regras), o que confere um caráter eminentemente social. (RIZZI & HAYDT, 1996, p.12 -13)

Assim, a escola deve favorecer um ambiente físico e social, onde as crianças tenham a oportunidade de ampliação de conhecimentos. Quando a criança canta, brinca, imita, faz movimentos e joga, ela se apropria da cultura na qual ela está inserida, ampliando para a "cultura do mundo".

9. Para saber mais

Camille Saint-Saëns foi um compositor francês que através dos sons dos instrumentos, tentou imitar a voz e os gestos de alguns animais: leão, galinhas e galos, burros, andar lento da tartaruga, elefante, cangurus, aquário (peixes), animais de orelhas compridas, cuco, pássaros, altivez e elegância do cisne e uma faixa que ele chamou de "fósseis" e outra de pianistas. (Com nossas crianças mostramos a localização da França no *mapa mundi* ou no globo terrestre)

É uma obra dividida em quatorze partes, que podem ser chamadas de retratos caricaturais. Saint-Saëns gostava de brincar com as pessoas e compôs esta obra, procurando imitar sons de animais, mas, na verdade era uma "gozação" com algumas pessoas da sociedade na qual ele vivia. Ele nunca permitiu que estas músicas fossem tocadas enquanto ele era vivo, por se tratar de uma crítica espirituosa e brincalhona com pessoas de sua época, porém, depois de sua morte, sua obra foi tocada e apreciada pelo mundo todo.

10. Referências

BRITO, Teca Alencar de. **Música na Educação Infantil: proposta para a formação integral das crianças.** São Paulo: Peirópolis, 2003.

JEANDOT, Nicole. **Explorando o universo da música.** São Paulo: Scipione, 1990.

RIZZI, Leonor e Regina Célia Haydt. **Atividades Lúdicas na Educação da Criança.** São Paulo: Ática, 1996.

ZIMMERMANN, Nilsa. **O mundo encantado da música.** São Paulo: Paulinas, 1996. (Vol.II)

SAINT-SAËNS, Camille. Carnival of the Animals. In: PHILADELPHIA ORCHESTRA. **Orquestral Works: Prokofiev - Peter and the Wolf; Britten - The Young Person´s Guide to the orquestra; Saint-Saëns: Carnival of the Animals.** Manaus: Sony Music Manaus Ind. e Com. Ltda, 1996. 1 CD.

Imagens do Jogo: http://pt.wikipedia.org - Enciclopédia Livre e Sierra - Print Artist 15.0

11. Autores

Diretora
Edilamar Regiane C. Macedo Pazini

Música / Pesquisadores Estagiários
Daniel Granado
Luciana Massaro Cardoso Pereira

Professora
Maria Inêz de Souza Filardi Ribeiro

Tapete sonoro

EM Dr. Isidoro Boucault

1. Introdução

Este projeto foi elaborado a partir do desafio apresentado pela coordenação do projeto *Tocando, Cantando,... Fazendo Música com crianças*. Diante deste desafio, o grupo de Professores da Educação Infantil da EM Dr. Isidoro Boucault assumiu a responsabilidade de construir um jogo musical, com a colaboração do Douglas, pesquisador estagiário de música.

Vários materiais foram pensados e muitas brincadeiras com as crianças realizadas, até chegar a um modelo considerado ideal. A ideia inicial partiu de um programa infantil da TV, com uma brincadeira que explorava as formas geométricas com cubos. A proposta feita pela professora Rosângela foi a de utilizar, ao invés de formas, diversos sons de ambiente e no lugar dos cubos, um tapete. A participação da professora Lídia do Ensino Fundamental enriqueceu o trabalho, ao apresentar a possibilidade da atividade com instrumentos de orquestra.

No decorrer das experimentações, com o objetivo de estabelecer regras para o jogo, surgiram inúmeras ideias. Esta é uma das características deste material: a riqueza de possibilidades e variações que ele pode oferecer. Neste capítulo destacamos algumas mas, obviamente, o professor pode e deve elaborar outras formas de jogar com seus alunos.

Brincando e aprendendo: um novo olhar sobre o ensino de música
Tapete sonoro
EM Dr. Isidoro Boucault

2. Faixa etária indicada | 3. Número de jogadores | 4. Materiais que fazem parte do jogo

As atividades que seguem podem ser utilizadas para o desenvolvimento da percepção sonora e visual, atenção e concentração dos alunos da Educação Básica, vivenciando experiências por meio de jogos sonoros musicais. Este desenvolvimento é feito por meio de jogos lúdicos com sons do ambiente (cidade, animais, cotidiano, natureza) como também dos timbres de instrumentos musicais, por meio de atividades de reconhecimento auditivo e associação de sons e imagens.

Nas atividades que descrevemos, também optamos por jogos em formatos *competitivos* e *cooperativos,* por acreditarmos que ambos, quando direcionados corretamente, podem contribuir para o desenvolvimento psicossocial dos educandos.

Enfim, mais uma vez, sugerimos que os professores utilizem toda a sua criatividade para trabalhar com este material, criando novas maneiras, variações e adaptações das atividades para os diferentes grupos e contextos, para nós essas variações só vêm enriquecer. Esperamos que ele este seja útil e proveitoso na missão educativa que temos com os nossos alunos.

2. Faixa etária indicada

A partir dos 3 anos de idade

3. Número de jogadores

5 a 30 alunos

4. Materiais que fazem parte do jogo

- Tapete com peças móveis, em E.V.A.[1], para servir de suporte às imagens dos kits temáticos.
- Kit's temáticos de imagens:
    - Paisagens da natureza (tempestade, mar, chuva, floresta)

---

1 E.V.A. (Etil Vinil Acetato) é uma borracha não tóxica que é utilizada em diversas atividades artesanais.

Brincando e aprendendo: um novo olhar sobre o ensino de música
Tapete sonoro
EM Dr. Isidoro Boucault

- Sons diversos (trânsito, sala de aula, carros, máquinas etc.)

- Figuras de animais (cachorro, cavalo, gato etc.)

- Fotos ou desenhos de instrumentos musicais (violino, tuba, tímpano etc.)

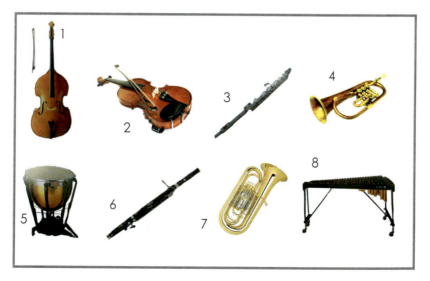

1. Contrabaixo 2. Violino 3. Flautim 4. Trompete 5. Tímpano 6. Fagote 7. Tuba 8. Xilofone

- Cd's contendo sons equivalentes aos Kit's temáticos, por exemplo:
    - CD que acompanha a publicação *A orquestra Tintim por Tintim* - Liane Hentschke et al.
    - CD que acompanha a apostila *Inicialização e Sensibilização Musical Pré-Escolar – Módulo II* – Enny Parejo.
- Instrumentos musicais disponíveis na escola, tais como: pandeiros, caxixis, tambores, metalofones, e etc.

5. Objetivos

- Desenvolver a percepção sonora e visual.
- Ouvir, perceber e discriminar eventos sonoros diversos.
- Reconhecer auditivamente fontes sonoras (instrumentos musicais, sons da natureza, sons do cotidiano, entre outras possibilidades).
- Explorar e produzir sons vocais, corporais, sons sobre instrumentos e objetos sonoros alternativos diversos (por ex: sucatas e materiais recicláveis).
- Identificar timbres de instrumentos musicais e sons variados.

Brincando e aprendendo: um novo olhar sobre o ensino de música
Tapete sonoro
EM Dr. Isidoro Boucault
6. Conteúdos | 7. Como jogar

- Sensibilizar para o ambiente sonoro.
- Desenvolver a memória auditiva.
- Criar e reproduzir ritmos.

6. Conteúdos

- Percepção sonora e visual
- Reconhecimento de fontes sonoras (sons de instrumentos musicais, sons da natureza, sons do cotidiano, entre outras possibilidades)
- Realização de sons vocais, corporais, com instrumentos musicais e objetos sonoros alternativos diversos.
- Memória auditiva
- Reprodução de ritmos
- Criação de arranjo/s com os instrumentos musicais trabalhados

7. Como jogar

ATIVIDADE I – *Identificação sonora através da relação som e imagem*

Esta brincadeira poderá ser desenvolvida individualmente ou em duplas, em forma de competição.

1) As crianças deverão estar dispostas de maneira que todas possam ver as peças do *Tapete*, no espaço a ser utilizado para brincadeiras, por exemplo, sala de aula ou pátio. Como possibilidade de disposição das crianças sugerimos:

A) Todas em semicírculo, voltadas para o Tapete

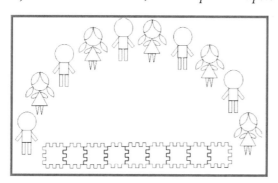

B) uma fileira, voltadas para o Tapete

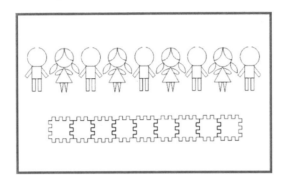

C) Duas filas paralelas, tendo o Tapete à frente

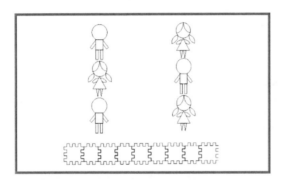

2) Os instrumentos musicais deverão ser escondidos, para que a percepção sonora seja realmente auditiva.

3) Em duplas ou individualmente, as crianças serão escolhidas e deverão ficar atentas ao som que o professor executar com os instrumentos que foram escondidos.

4) O objetivo da brincadeira é que a criança, ao reconhecer o som executado, corra até à figura do instrumento que estará em uma das peças do *Tapete* e sente no lugar deste. Se o jogo for dado em duplas em forma de competição, marcará ponto quem primeiro identificar o som e chegar ao *Tapete* no lugar certo. Com crianças pequenas (abaixo de 4 anos) poderá ser feito o mesmo processo, apenas retirando o princípio de competição, focando apenas a identificação.

Variações dentro desta mesma proposta

Variação I - Da mesma forma como foi descrito o trabalho com os instrumentos musicais, este processo pode ser feito com os outros *Kit's temáticos,* por exemplo:

Com sons de animais: o professor coloca a gravação do som de um animal no aparelho de som e as crianças (em dupla ou não, em competição ou não) devem identificar qual figura disposta

Brincando e aprendendo: um novo olhar sobre o ensino de música
Tapete sonoro
EM Dr. Isidoro Boucault

no *Tapete* é correspondente ao som escutado e assim com todas as demais possibilidades: sons da cidade, sons da natureza etc.

Variação II - Utilizando os instrumentos musicais, o professor pode escolher um número de crianças equivalente ao número de figuras no *Tapete*. Estas crianças ficarão escondidas e de posse do instrumento musical realizarão os sons sob o comando do professor, para que outras crianças os identifiquem.

Variação III - Além do desenho do instrumento no tapete, deverá estar presente também um exemplar do próprio instrumento e assim que a criança ouvir o respectivo som, deverá achar no tapete o instrumento correspondente e reproduzir o mesmo ritmo executado pelo professor.

Observação: Nesta variação reproduzir o ritmo é um critério.

Variação IV - Como desdobramento das atividades, sugere-se que após o trabalho de reconhecimento, o professor elabore com as crianças um arranjo musical a partir dos instrumentos identificados anteriormente.

O grau de dificuldade irá aumentar de acordo com a idade da turma com a qual será desenvolvida a brincadeira, executando sons com um, dois ou três instrumentos simultaneamente.

Observação: É importante salientar que ao brincar com o tapete, poderão ser criadas inúmeras possibilidades de jogos, trabalhando com figuras e sons de instrumentos de orquestra, instrumentos característicos de países etc, de acordo com a criatividade e necessidade do professor e da turma.

ATIVIDADE II – *O Caminho sonoro*

1) Nesta atividade, algumas peças do tapete devem estar dispostas pela sala (o número de peças irá variar de acordo com a idade das crianças). Duas crianças participam de cada vez, uma tocando uma sequência de sons e a outra reconhecendo e reproduzindo a sequência realizada.

2) O jogo consiste em vendar os olhos de uma das crianças, ou colocá-la de costas para os instrumentos. A outra criança escolhida deverá realizar uma sequência, tocando um pouco de cada instrumento, realizando assim um *caminho sonoro*. Em nossas atividades geralmente começávamos com 3 instrumentos (3 sons) e aumentávamos gradativamente de acordo com a idade e maturidade das crianças. A primeira criança (que estava vendada) deverá escutar a sequência e, em seguida, sem a venda, deve reconhecer auditivamente e reproduzir o *caminho sonoro* feito pelo colega.

8. Fundamentação Teórica

A criança por intermédio da música desenvolve a capacidade de discriminar, comparar, classificar, identificar e generalizar sons no contato com o mundo. A música tem a magia de levar a criança a expressar com liberdade e intensidade toda riqueza do seu mundo interior.

É pela brincadeira que ela se relaciona com o mundo que a cada dia descobre e é dessa forma que faz música: brincando. Poder-se-ia até dizer, metaforicamente, que fazendo música a criança transforma-se em sons num permanente exercício expressivo. Receptiva e curiosa, ela pesquisa materiais sonoros, descobre instrumentos, inventa melodias e ouve com prazer a música de todos os povos. (RECNEI,1998)

Nosso material didático musical tem como estratégia principal *o jogo*, por este ser uma das formas mais naturais das crianças entrarem em contato com a realidade. O jogo, enquanto atividade espontânea, foi analisado e estudado por centenas de estudiosos para melhor compreender o comportamento humano. Assim, este se torna um dos meios mais propícios à construção do conhecimento. Para exercer esta atividade, a criança utiliza seu aparelho sensório-motor.

O trabalho com música, portanto, deve reunir toda e qualquer fonte sonora: brinquedos, objetos do cotidiano e instrumentos musicais de boa qualidade. Pode-se confeccionar diversos materiais sonoros com crianças, bem como introduzir brinquedos sonoros populares, instrumentos étnicos etc. Nessa fase também é importante misturar instrumentos de madeira, metal ou outros materiais a fim de explorar as diferenças tímbricas entre eles.

> Pois o corpo é acionado e o pensamento também, enquanto isso ela é acionada também a desenvolver habilidades operatórias que envolvem a identificação, observação, comparação, análise, síntese e generalização, com isso, ela vai conhecendo suas possibilidades e desenvolvendo cada vez mais a autoconfiança. (ZACARIAS, 2008, p.96.)

Por meio do jogo as crianças conseguem explorar e entender as características físicas e sonoras de objetos e materiais sonoros. Para o pesquisador francês François Delalande, os modos (condutas) de produção sonora das crianças revelam a ênfase em um ou outro estágio de desenvolvimento. Ele relaciona estes modos de produção à luz da teoria do psicólogo suíço Jean Piaget, classificando as condutas em três categorias:

- *jogo sensório-motor* – vinculado à exploração do som e do gesto.
- *jogo simbólico* – vinculado ao valor expressivo e a significação mesma do discurso musical
- *jogo com regras* – vinculado à organização e a estruturação da linguagem musical. (BRITO, 2003, p.31)

9. Para saber mais:

Citamos aqui alguns elementos para melhor entender nosso projeto:

ARRANJO:

... em música, é a preparação de uma composição musical para a execução por um grupo específico de vozes ou instrumentos musicais. Isso consiste basicamente em reescrever o material pré-existente para que fique em forma diferente das execuções anteriores ou para tornar a música mais atraente para o público e usar técnicas de rítmica, harmonia e contraponto para reorganizar a estrutura da peça de acordo com os recursos disponíveis, tais como a instrumentação e a habilidade dos músicos. O arranjo pode ser uma expansão, quando uma música para poucos instrumentos será executada por um grupo musical maior como uma orquestra ou grupo coral. Pode também ser uma redução, como quando uma música para orquestra é reduzida para ser tocada por um conjunto menor ou mesmo por um instrumento solista. O músico responsável por esta atividade é chamado arranjador. Muitos compositores fazem os arranjos de suas próprias canções, mas em muitos casos, o arranjador é um músico especializado e experiente. Atualmente as atividades do arranjador muitas vezes se confundem com as do produtor musical. (http://pt.wikipedia.org)

PERCEPÇÃO SONORA:

...é a capacidade de analisar e entender auditivamente as propriedades físicas das ondas sonoras. É semelhante à chamada percepção musical, porém, devemos atentar ao fato de que a percepção sonora é muito mais abrangente, pois engloba não só elementos musicais, mas sim, todo e qualquer efeito sonoro, podendo ter as mais variadas origens como: sons da natureza, produzidos por animais, objetos, através do nosso corpo, entre outros. A percepção sonora é um processo progressivo que se começado ainda na infância, provavelmente produzirá seres humanos adultos com uma sensibilidade bem mais apurada, que os faça compreender de forma mais profunda e rica o mundo ao seu redor. (http://pt.wikipedia.org)

RITMO:

Nas artes, como na vida, o ritmo está presente. Vemos isso na música e no poema. Temos a nos reger vários ritmos biológicos que estão sujeitas a evoluções rítmicas como o dos batimentos cardíacos, da respiração, do sono e vigília etc. Até no andar temos um ritmo próprio. O ritmo musical é um acontecimento sonoro, tenha ele altura definida ou não, que acontece numa certa regularidade temporal. É a ordenação dos sons de acordo com padrões musicais estabelecidos. É a variação da duração e acentuação de uma série de sons ou eventos. Na música ocidental, os ritmos estão em geral relacionados com uma fórmula de compasso e seu andamento, que implica uma métrica. O valor do pulso subjacente, chamada batida, é o tempo. A duração da métrica divide-se quase exclusivamente em duas ou três batidas, chamando-se assim métrica dupla ou métrica tripla, respectivamente. Se cada batida for dividida a seguir em duas, chama-se métrica simples, se se dividir em três, chama-se métrica composta. (http://pt.wikipedia.org)

TIMBRE:

Em música, chama-se timbre a característica sonora que nos permite distinguir se sons de mesma frequência foram produzidos por fontes sonoras conhecidas e que nos permite diferenciá-las. Quando ouvimos, por exemplo uma nota tocada por um piano e a mesma nota (uma nota com a mesma altura) produzida por um violino, podemos imediatamente identificar os dois sons como tendo a mesma frequência , mas com características sonoras muito distintas. O que nos permite diferenciar os dois sons é o timbre instrumental. De forma simplificada, podemos considerar que o timbre é como a impressão digital sonora de um instrumento ou a qualidade de vibração vocal. (http://pt.wikipedia.org)

10. Referências

BARSA PLANETA INTERNACIONAL. **O livro dos sons.** 10. ed. São Paulo: Barsa Britannica, 2006. (v 5)

BRASIL.MINISTÉRIO DA EDUCAÇÃO. **Referencial Curricular Nacional para a Educação Infantil.** Brasília: MEC/SEF, 1998. (v. 3)

BRITO, Teca Alencar. **Música na Educação Infantil: propostas para a formação integral da criança.** São Paulo: Peirópolis, 2003.

ENCICLOPÉDIA VIRTUAL: http://pt.wikipedia.org Acesso em 02/03/09.

HENTSCHKE, Liane. et al. **A orquestra Tintim por Tintim.** São Paulo: Moderna, 2005. Inclui 1 CD.

IMAGENS LIVRES: http://www.sxc.hu Acesso em 02/03/09.

PAREJO, Enny. **Estorinhas para ouvir: Aprendendo a escutar música. S**ão Paulo: Irmãos Vitale, 2007. Inclui 1CD.

PAREJO, Enny. **Iniciação e sensibilização Musical Pré-escolar.** Módulo I. São Paulo: Enny Parejo Atelier Musical, 2008. (Mimeo.) Inclui 1 CD.

_____. **Iniciação e sensibilização Musical Pré-escolar.** Módulo II. São Paulo: Enny Parejo Atelier musical, 2008. (Mimeo.) Inclui 1 CD.

STURROCK, Susan. **Dicionário visual de música.** São Paulo: Global, 2006.

ZACHARIAS, Vera Lúcia C. F. **O jogo na educação infantil.** Disponível em http://www.centrorefeducacional.com.br/ojogona.html. Acesso em: 20 de dez. de 2008.

11. Autores

Diretora
Rita de Cássia Rocha de Oliveira Luiz

Pesquisador Estagiário
Douglas dos Santos Silva

Professoras
Ana Cristina Picolomini
Lídia Pereira dos Santos
Rosângela de Lima Fragoso de Mello
Silvana Antônia de Ávila

Trilha cultural de Mogi das Cruzes

EM Prof. Antonio Paschoal Gomes de Oliveira

1. Introdução

Este é um jogo referente à cidade de Mogi das Cruzes, englobando três áreas:
- agricultura, fauna e flora
- artes visuais e música
- história e geografia

O jogo surgiu a partir de uma das diretrizes curriculares municipais para a educação da infância que apresenta, para uma educação de qualidade e significativa, a valorização da cultura da cidade de Mogi das Cruzes.

2. Faixa etária indicada

A partir de 5 anos

3. Número de jogadores

2 a 5 jogadores ou 2 a 5 equipes

4. Materiais que fazem parte do jogo

01 Trilha de E.V.A.[1]

05 Pinos

01 Dado de tecido

30 Cartas com perguntas sobre: Agricultura, Fauna e Flora; Artes Visuais e Música; História e Geografia.

PERGUNTAS E RESPOSTAS DO JOGO

Estas perguntas e respostas apresentam algumas informações que são ampliadas no item 9. *Para saber mais*, visando auxiliar o professor no conteúdo e na elaboração de questões adequadas aos seus alunos. Para isso é importante levar em consideração a idade das crianças, adaptá-las e criar condições para entendimento das questões e respostas das mesmas.

História e Geografia

1. Quem elevou o povoado de Mogi das Cruzes à categoria de vila?
   R: Gaspar Vaz.

2. Qual o nome da Serra que tem 98% de sua área situada na região de Mogi das Cruzes?
   R: Serra do Itapeti.

3. Qual o nome do rio mais importante que corta a cidade de Mogi das Cruzes?
   R: Rio Tietê.

4. Qual o nome atual do teatro municipal de Mogi das Cruzes?
   R: Theatro Vasques

---

1 E.V.A. (Etil Vinil Acetato) é uma borracha não tóxica que é utilizada em diversas atividades artesanais.

5. Qual é o nome da praça de Mogi das Cruzes que homenageia a vinda dos imigrantes japoneses para o Brasil?

    R: Praça dos Imigrantes

6. Qual é o nome da festa mais tradicional da cidade de Mogi das Cruzes?

    R: Festa do Divino Espírito Santo.

7. Qual é o dia do aniversário da cidade de Mogi das Cruzes?

    R: Dia 1º de setembro

8. Qual é o ponto mais alto da cidade?

    R: Pico do Urubu

9. Qual é o nome do atual prefeito da cidade?

    R: Atualizar de acordo com o prefeito atuante.

10. O que representam as três faixas horizontais de cores branca, preta e vermelha da bandeira de Mogi das Cruzes?

    R: Representam as três etnias que formaram o povo de Mogi das Cruzes: o branco, o negro e o indígena.

Agricultura, fauna e flora

1. Qual é a flor mais cultivada em Mogi das Cruzes?

    R: A orquídea

2. Cite o nome de uma fruta cultivada na cidade de Mogi das Cruzes.

    R: Caqui, nêspera e ponkan são as frutas mais cultivadas na cidade de Mogi das Cruzes.

3. De qual alimento agrícola Mogi das Cruzes é o maior produtor do país?

    R: Cogumelo, muito utilizado em pratos típicos da cultura japonesa.

4. Cite um pássaro raro que habita a Serra do Itapeti.

    R: Bicudinho, beija-flor de papo-de-fogo e caboclinho são pássaros raros que habitam a Serra do Itapeti.

5. Cite o nome de algumas áreas de preservação ambiental na cidade de Mogi das Cruzes.

    R: Ilha de Marabá, Parque das Neblinas, Parque Municipal e mata ciliar do Rio Tietê são áreas de preservação ambiental de Mogi das Cruzes.

6. Qual é o nome do único primata raro que habita a Serra do Itapeti?

    R: Sagui-da-serra-escuro

7. Cite um tipo de alimento consumido pelo Sagui-da-serra-escuro.

    R: O Sagui-da-serra-escuro se alimenta de pequenos frutos, resina de árvore e insetos.

8. Cite um fator que contribuiu para que a cidade de Mogi da Cruzes fizesse parte do chamado "Cinturão Verde" desta região.

    R: Solo fértil, água de boa qualidade (mananciais) e clima ameno.

9. Cite um animal em extinção que vive na Serra do Itapeti.

    R: Na serra do Itapeti vivem alguns animais em extinção, entre eles estão a jaguatirica, a onça parda, o sagui-da-serra-escuro, os pássaros caboclinho e bicudinho.

10. Que tipo de produto Mogi das Cruzes produz, que abastece a região metropolitana de São Paulo e Rio de Janeiro?

    R: Os produtos hortifrutigranjeiros

Artes Visuais e Música

1. Complete o refrão do Hino de Mogi das Cruzes, composto por Raulindo Paiva e Raulindo Paiva Júnior : "Por ti minha Mogi querida...".

    R: "Das Cruzes o símbolo cristão

    Darei a minha própria vida

    De todo o meu coração".

2. Cite uma manifestação cultural de tradição da cidade de Mogi das Cruzes.

    R: Pode ser uma delas: Moçambique, Congada, Marujada ou outras/s.

3. Qual festa tradicional de Mogi das Cruzes a autora mogiana Wilma Ramos, nascida em 1940, retrata em suas obras?

    R:  A Festa do Divino. Esta festa é presença essencial: celebração, herança da colonização portuguesa. É uma das principais matérias-primas da artista, que desfila nas festividades e já pintou um auto-retrato em que aparece carregando a bandeira vermelha da Festa do Divino.

4. O artista plástico Volpi buscou inspiração em algumas cidades para sua pintura e as retrata em suas obras. Uma dessas cidades foi:

    R: Mogi das Cruzes

5. Cite um instrumento musical utilizado na Congada.

   R: Pode ser um desses: viola caipira, violão, cavaquinho, reco-reco, bumbo, caixa, chocalho, guizos.

6. O que representa esta obra de Nerival Rodrigues?

   R:  A Congada

7. Qual escultor mogiano fez a escultura "O Bandeirante", que está localizada na rodovia Mogi-Dutra, que tem 13 metros altura, 5 de largura, pesa 3 toneladas e foi confeccionada em aço inoxidável? O monumento retrata o Bandeirante Gaspar Vaz, que elevou o povoado de Mogi das Cruzes à Vila de Sant'Ana e fica bem na entrada da cidade.

   R: Beline Romano

8. Cite o nome de um compositor musical mogiano.

   R. Entre outros temos: Henrique Abib, Paulo Henrique (PH), Pedro Abib, Rui Ponciano, Waldir Vera, Xavier Filho, Eurico de Souza, Dudu Mendonça, Julio Borba, Vital de Souza,......

9. Cite o nome da cidade onde se encontram as partituras musicais mais antigas do Brasil.

   R- Mogi das Cruzes.

10. Qual o estilo musical que caracteriza as peças musicais mais antigas encontradas em Mogi das Cruzes?

    R- A quase totalidade são obras sacras no chamado estilo antigo, que é um estilo musical português do século XVII.

5. Objetivos

- Estimular e verificar o conhecimento do aluno sobre o patrimônio histórico, geográfico, cultural e artístico do município onde mora.

6. Conteúdos

- Conhecimentos gerais sobre aspectos históricos, geográficos, culturais e artísticos do município de Mogi das Cruzes.

7. Como jogar

- Os temas deverão ser desenvolvidos previamente pelo professor com os alunos. Algumas cartas possuem informações extras nas respostas, bem como em algumas perguntas. São informações para o conhecimento do professor, para melhor preparar o desenvolvimento do jogo, sendo necessário adaptá-las à sua classe. Afinal, é um jogo que ajuda na aquisição de conhecimentos.

- O professor, com um dado, sorteia quem iniciará o jogo. Iniciará o jogador que tirar o maior número e, sucessivamente, os demais participantes.

- A criança joga o dado para sortear o tema a ser respondido.

- O professor divide as cartas em três montes a partir dos temas:

    Agricultura, fauna e flora
    Artes visuais e música
    História e geografia.

- Em seguida, a criança pegará a primeira carta do primeiro monte sorteado, que será lida pelo professor. Seguidamente as demais cartas serão retiradas dos demais montes, conforme o assunto.

- Se responder corretamente a questão, a criança avança na trilha o número de casas contidas na carta, se errar volta uma casa.

- Ganha o jogo quem terminar a trilha primeiro.

8. Fundamentação Teórica

Na educação infantil o brincar é uma atividade viva e reconhecida como rico objeto de trabalho. Segundo Pereira (2002) é uma atividade que traz não só conteúdos escolares, mas exemplos de problemas e soluções, assim como vivências da rotina humana. É ainda uma parte da cultura colocada ao alcance da criança.

> É através de seus brinquedos e brincadeiras que a criança tem a oportunidade de desenvolver um canal de comunicação, uma abertura para o diálogo com o mundo dos adultos. (KISHIMOTO, 2006, p. 69)

Trabalhar com diferentes áreas do conhecimento é uma chave para a formação do educando, fortalecendo as bases da cultura e da educação, constituindo uma formação que traz significado para o aluno.

Uma proposta de musicalizar a escola não pode se limitar apenas à inclusão da música como disciplina escola. Ela deve implicar um projeto de integração que ocorra não somente no nível dos conteúdos, mas também no nível da construção do conhecimento. É fundamental que haja uma articulação entre os momentos de elaboração conceitual e as atividades de natureza perceptiva. (GRANJA, 2006, p. 152)

Dessa maneira propomos a utilização dos temas Agricultura, Fauna e Flora; Artes Visuais e Música; História e Geografia, de forma lúdica onde os conceitos são trabalhados em diversos momentos em sala e depois unidos ao jogo para que esses conceitos sejam fortalecidos e interiorizados.

Finalmente gostaríamos de acrescentar: (2) para Piaget (1971), o brincar representa uma fase no desenvolvimento da inteligência, marcada pelo domínio da assimilação sobre a acomodação, tendo como função consolidar a experiência passada. (PIAGET apud KISHIMOTO, 2006, p. 64).

9. Para saber mais

História e Geografia

BANDEIRA DE MOGI DAS CRUZES

A bandeira tem três faixas horizontais em três diferentes cores: branco, preto e vermelho, que representam a população que se formou no município através das três etnias: branca, negra e vermelha (indígena). Um triângulo que se localiza no canto esquerdo representando a Santíssima Trindade e por extensão Sant´Anna, padroeira da cidade. A estrela dourada representa a expansão dos bandeirantes mogianos e a cobra fumando simboliza a participação dos mogianos na força Expedicionária Brasileira, na 2ª Guerra Mundial.

FESTA DO DIVINO

Uma das importantes festas religiosas da igreja católica e também uma das mais antigas do país. Historiadores defendem que ela é comemorada há mais de 300 anos no município. A bandeira, símbolo do Espírito Santo para os devotos, é sempre vermelha com o desenho de uma pomba branca no centro.

GASPAR VAZ

Bandeirante que elevou o povoado de Mogi das Cruzes à categoria de Vila. Há uma escultura em sua homenagem na entrada da cidade (ver *Artes Visuais e Música*).

IMIGRANTE JAPONÊS

Escultura que foi esculpida por Antonio Josephus Maria Van Der Wiel. Inaugurada no dia 07/01/1969, representa a população imigrante que se dedica ao setor de agricultura .

PICO DO URUBU

Ponto mais alto da Serra do Itapeti (e de Mogi), com 1.166 metros de altitude.

RIO TIETÊ

É de onde provém toda água distribuída para a população de Mogi das Cruzes, captada na estação Pedra de Afiar, no bairro de Cocuera.

SERRA DO ITAPETI

É um dos patrimônios ambientais mais importantes de Mogi das Cruzes. Aproximadamente 98% da Serra encontra-se em território mogiano. Está entre os divisores de água das bacias do Rio Paraíba e Rio Tietê. A fauna e a flora da Serra do Itapeti reúnem um variado acervo de espécies.

THEATRO VASQUES

Foi inaugurado em 1903. Até 1908 foi um importante ponto de encontro da sociedade mogiana. Na década de 80, depois de reformado, foi reinaugurado sob o nome de Theatro Municipal Paschoal Carlos Magno. A revitalização ocorrida em 2003 resgatou o nome original: Theatro Vasques.

Agricultura / fauna e flora

CAQUI

O caqui concentra boas quantidades de vitamina A, B e C. Além do consumo como fruta fresca, o caqui pode ser industrializado no preparo de vinagre e caqui-passas. Mogi das Cruzes é responsável por 55% da produção nacional. O município produz também nêspera e ponkan.

CINTURÃO VERDE

Mogi das Cruzes ganhou este título a partir da década de 40, quando a cidade já era uma grande produtora de frutas e legumes. O município, desde a aquela época, reune três condições favoráveis ao plantio: solo fértil, clima ameno e água de boa qualidade (mananciais). Desde então, a cidade tem se destacado no ranking dos maiores produtores de hortaliças, frutas e flores do Brasil. Cerca de 500 mil toneladas de hortaliças por ano.

COGUMELO

Muitos cogumelos são comestíveis, alguns, como Agaricus Blazei, Cogumelo do Sol, entre outros, são largamente cultivados e há também outros que são tóxicos. Mogi das Cruzes é responsável por 80% da produção de cogumelos do país, muito utilizado em pratos típicos da cultura japonesa.

NÚCLEO AMBIENTAL ILHA MARABÁ

Criado em 2004 para garantir a preservação dos recursos hídricos e a recuperação da mata ciliar do município. Ocupa uma área de 13.410m² na várzea do rio Tietê, no bairro do Mogilar.

PÁSSAROS RAROS

Os pássaros encontrados são: Caboclinho, Bicudinho, e o Beija-flor papo-de-fogo.

RESERVA ECOLÓGICA

Núcleo ambiental Ilha Marabá e Parque Municipal.

SAGUI-DA-SERRA-ESCURO

Espécie de primata mais raro do mundo. Nome científico: Callithrix Aurita. Alimenta-se de resina de árvore, insetos e pequenos frutos. É habitante da Serra do Itapeti.

Artes Visuais e Música

BELINE ROMANO

Autodidata, nascido em 1960, iniciou seu trabalho artístico aos 18 anos, época em que venceu a I Mostra de Artes Plásticas Infanto Juvenil Metropolitana, na qual representou Mogi das Cruzes com a obra "O Brasil através da Mecânica". Nesta primeira escultura premiada, ele aproveitou sucatas que reuniu no dia a dia como ajudante de mecânica na oficina em que trabalhava. Formado em Artes Plásticas na UMC, Belini Romano trabalha desde 1986 na indústria Gerdau, no setor de Inspeção Mecânica. A empresa, sediada em Mogi, patrocina seu trabalho. Em 2004, fez uma exposição com o objetivo de divulgar a produção artística local e, sobretudo, proporcionar a inclusão cultural dos portadores de deficiência visual, que puderam tocar todas as peças expostas.

CONGADA , CONGADO OU CONGO

Folguedo popular dramático ou dança-cortejo realizado sobretudo por pessoas das comunidades afro-brasileiras, que presta homenagem a São Benedito, Santa Efigênia e Nossa Senhora do Rosário. Uma espécie de recordação das lutas entre mouros e cristãos, entretanto alguns estudiosos consideram que o surgimento das congadas está relacionado às festas brasileiras de coroação do Rei do Congo. Algumas de suas coreografias consistem em manobras com espadas. Durante toda dança- cortejo cantam e tocam instrumentos como: viola caipira, violão, cavaquinho, reco-reco, bumbo, caixa, guizo e chocalho.

HINO DE MOGI DAS CRUZES

Teve sua letra escrita por Raulindo Paiva e música por Raulindo Paiva Júnior, que relata a beleza da fauna e da flora, das pessoas e da História de Mogi.

MOÇAMBIQUE

Dedicado a São Benedito e Nossa Senhora do Rosário. Sua dança-cortejo com bastões tem caráter religioso ou livre. O conjunto denomina-se companhia e é integrado por: rei, rainha, general, capitão, mestre, contramestre e dançadores. Usam nas mãos bastões. Dispostos em fileira batem os bastões um contra o outro, produzindo um forte som. Usam instrumentos como: viola, vilão, sanfona e o cavaquinho, chocalho, caixa e "paiás" (chocalhos de latas ou guizos amarrados nas pernas).

NELSON ALBISSÚ

Graduado em administração de empresas, mestre em artes cênicas, também é advogado. Aos 37 anos, já avô, gostava de contar em livros ou nos palcos de teatros. Escreveu sobre diversos temas, tendo entre outras as seguintes publicações: *Charalina, História que ficou na memória, Locomotiva de Asas, Sol, Nuvem, Menino.*

"O BANDEIRANTE"

Escultura do bandeirante Gaspar Vaz erguida na entrada da cidade, na Mogi-Dutra. Idealizada pelo artista plástico mogiano Beline Romano, foi entregue em 2006. Traz no peito um brasão com o mapa do Brasil, e também homenageia os pracinhas da Força Expedicionária Brasileira.

ORQUÍDEA

Existem orquídeas de variadas dimensões. Elas florescem uma vez por ano e sua floração dura de 3 dias a 1 mês, variando de acordo com cada espécie. O município é o primeiro produtor brasileiro de orquídeas, com 2,5 milhões vaso / ano, cultivadas em sua maioria por japoneses e descendentes.

WILMA RAMOS

Nascida em Mogi das Cruzes, em 1940, aos 14 anos pintou as primeiras telas ligadas ao folclore (Congada, Moçambique, festas juninas, Festa Tradicional do Divino Espírito Santo) de sua cidade natal. Artista mogiana, trabalha as cores destacando o verde em tonalidade peculiar. Pinta colheitas, dentre elas a plantação de caqui e outras cenas do cotidiano, nos quais se pode perceber sua técnica e seus traços característicos.

10. Referências

ANGOTTI, Maristela **Educação infantil: para que, para quem e por quê?** Campinas, SP: Editora Alínea, 2006.

BRASIL. MINISTÉRIO DA EDUCAÇÃO. **Referencial Curricular Nacional para a Educação Infantil.** Brasília: MEC/SEF, 1998.

GRANJA, Carlos Eduardo de Souza Campos. **Musicalizando a escola: música, conhecimento e educação**. São Paulo: Escrituras, 2006.

HORTA, Carlos Felipe de Melo (Org.) **O grande livro do folclore.** Belo Horizonte: Leitura, 2004.

KISHIMOTO, Tizuko Morchida (Org.) **Jogo, brinquedo, brincadeira e a educação.** 9. ed. São Paulo: Cortez, 2006.

PEREIRA, Eugênio Tadeu. Brinquedos e infância. **Revista Criança.** Brasília: MEC, n. 37, novembro, 2002.

ROSSETTI, Maria Clotilde. **Os fazeres na educação infantil.** 8. ed. São Paulo: Cortez, 2006.

SETUBAL, Maria Alice (Coord.) **Manifestações artísticas e celebrações populares no Estado de São Paulo.** São Paulo: CENPEC / Imprensa Oficial, 2004. (Coleção Terra Paulista: História, arte, costumes) (v.3).

11. Autores

Diretora
Darly Aparecida de Carvalho

Música / Pesquisadoras Estagiárias
Luciana Massaro
Tatiane Mendes Carvalho

Professoras
Ana Claudia Bardazzi Gomes de Castro
Marinice Regina Alvim
Rosana Aparecida Martins de Miranda
Tânia Nunes da Conceição Prado

Trilhando o Brasil

EM Profa Marlene Muniz

1. Introdução

O Projeto *Tocando, Cantando,... Fazendo Música com crianças* teve início em nossa escola no ano de 2005. Neste mesmo ano, na reunião final para a avaliação, tivemos a participação dos pais membros do Conselho de Escola que, naquele momento, fizeram uma avaliação positiva do ano. Na elaboração do calendário escolar para o ano seguinte surgiu dos pais junto aos professores, a ideia de resgatar um pouco de "danças antigas", assim denominadas pelos pais naquele momento.

A ideia amadureceu e, no ano de 2006, os conteúdos das aulas de música, bem como os conteúdos da formação dos professores (quer nas atividades desenvolvidas com o pesquisador estagiário ou nos cursos de formação promovidos pelo CEMFORPE) foram totalmente elaborados visando o resgate da "cultura popular".

Durante o primeiro semestre cada série estudou os usos e costumes de uma determinada região do Brasil, culminando com uma primeira apresentação na Festa Junina. Com a riqueza de

Brincando e aprendendo: um novo olhar sobre o ensino de música
Trilhando o Brasil
EM Profa Marlene Muniz Schmidt

2. Faixa etária indicada | 3. Número de jogadores | 4. Materiais que fazem parte do jogo

material para estudo e com o trabalho a ser desenvolvido com os alunos, prosseguimos durante o segundo semestre desenvolvendo mais atividades relacionadas à cultura de tradição brasileira, seus aspectos históricos, geográficos e o fazer musical.

Procurando sempre desenvolver os três eixos da Proposta Triangular: Fazer – Apreciar – Contextualizar, ao final de 2006 os alunos apresentaram uma peça musical, o *Trilhando o Brasil*, onde uma criança passeava pelo nosso país e narrava os ritmos e danças. A cada região apresentada as demais crianças tocavam, cantavam e interpretavam.

Este trabalho foi o que deu suporte para que fosse criado o jogo **Trilhando o Brasil** que apresentamos a seguir.

2. Faixa etária indicada

A partir de 8 anos

3. Número de Jogadores

Até 06 participantes

4. Materiais que fazem parte do jogo

1 tabuleiro
1 dado numérico
4 a 6 piões coloridos
Cartas para realização de tarefas

QUESTÕES DO JOGO
(respostas em negrito)

Região Norte

1. Na cidade de Parintins, no estado do Amazonas, o Boi-Bumbá é festejado por milhares de pessoas. Os principais personagens da festa são os bois:

a) Carinhoso e Garantido   **b) Caprichoso e Garantido**   c) Caprichoso e Ganancioso

Brincando e aprendendo: um novo olhar sobre o ensino de música
Trilhando o Brasil
EM Profa Marlene Muniz Schmidt

2. Realizado na cidade de Belém do Pará, é um teatro popular musicado, uma espécie de opereta, no qual há texto escrito, partitura musical composta para ele, sendo uma das mais criativas revelações da cultura popular amazônica. Seu nome é:

    a) Pássaro Junino   b) Peixe   c) Onça

3. Em outubro, no segundo domingo do mês, milhares de pessoas participam da realização de um festejo que tem como ponto alto uma procissão na cidade de Belém do Pará. Qual é esta festa?

    a) Círio de Nazaré   b) Do Divino   c) Cristo de Nazaré

4. Uma das mais fortes manifestações da cultura popular do Amapá, tem influência principalmente dos negros africanos e dos portugueses. Geralmente começa na Páscoa, quando se inicia a dança dos devotos com um batuque tradicional, prolongando os festejos e as danças com cantos até o Domingo do Espírito Santo. Seu nome é:

    a) Carimbó   **b) Marabaixo**   c) Caiapó

5. Dança entre homens e mulheres, das mais difundidas no Pará. A criatividade dos índios junto ao ritmo e movimentos rápidos trazidos pelos negros, empolga seus participantes e apreciadores. É preciso sentar em cima de seus instrumentos principais para tocá-los: dois tambores originalmente feitos de troncos de árvores escavados, com couro em uma das aberturas. Qual é esta dança?

    a) Jongo   **b) Carimbó**   c) Ciranda

6. Os índios fazem música de forma integrada à vida e à sociedade. Seus temas geralmente têm relação com a natureza e com a religião.

    Cante qualquer trecho de música que tenha palavra/s referente/s à natureza.

7. Nascido no Pará, é poeta e compositor popular, sendo considerado por muitos como mestre do carimbó tradicional. Quem é ele?

    a) Verequete   b) Pinduca   c) Marcos Quintino

8. Os índios, desde cedo, aprendem a arte de confeccionar seus instrumentos musicais. Há um instrumento bem marcante na cultura indígena, feito de cabaça ou porongo com sementes e pedrinhas, que soam internamente, considerado por eles como um instrumento de poder. O nome deste instrumento é:

    a) Cuíca   b) Flauta   **c) Maracá**

9. Você entrou em uma reserva indígena.

    Volte duas casas

10. A região amazônica é uma das áreas de maior biodiversidade do planeta, entretanto, é ameaçada pelo desmatamento. Você foi convidado para cuidar da natureza: parabéns!

    Avance três casas

frente   verso

Região Sudeste

1. Festa introduzida no Brasil pelos portugueses, na qual se comemora a descida do Espírito Santo sobre os apóstolos de Cristo. Acontece, no geral, 50 dias após o domingo de Páscoa, sendo muito famosa em Mogi das Cruzes/SP. Que festa é essa?

    a) Festa Junina   b) Festa de Cristo   **c) Festa do Divino**

2. Instrumento de remota origem árabe, uma espécie de violino de som grave. Encontra-se no estado de São Paulo em festas e folguedos populares, tais como as Folias de Reis. Que instrumento é esse?

    a) Rabeca   b) Cavaquinho   c) Charango

3. Folguedo de influência indígena, que existe em algumas cidades paulistas, sendo uma delas José do Rio Preto/SP. Nele seus participantes, pintados e vestidos com indumentária identificada como indígena, tocam caixa, buzina, violão, preaca e viola. Seu nome é:

    a) Moçambique   **b) Caiapó**   c) Congada

4. Na sua origem eram manifestações de homenagem dos descendentes de povos africanos para seus reis negros. Atualmente, na maioria de suas formas, os participantes desfilam cantando, dançando, acompanhados por tambores, viola caipira, violão, pandeiro, cavaquinho, caixa, ...

Brincando e aprendendo: um novo olhar sobre o ensino de música
Trilhando o Brasil
EM Profa Marlene Muniz Schmidt

Em Mogi das Cruzes / SP se apresenta na Festa do Divino e em outras festividades. Qual é seu nome?

a) Congada   b) Reisado   c) Caiapó

5. Recebe o nome de Cururu, um desafio cantado ao som de violas nas regiões mais antigas do estado de São Paulo. Quem é a cantora e apresentadora de televisão, grande conhecedora da música regional brasileira, que tem divulgado o Cururu?

    a) Elis Regina   **b) Inezita Barroso**   c) Nana Caymmi

6. A toada, a moda de viola, o catira, o cururu fazem parte da cultura caipira:

    a) paulista   b) capixaba   c) carioca

7. Ritmo e dança com influências africana e européia, que originaram diversas agremiações carnavalescas no Rio de Janeiro:

    a) Forró   **b) Samba**   c) Rock

8. Você ficou preso na estrada por causa da chuva.

    Fique uma rodada sem jogar

9. "O Trenzinho Caipira" é uma das mais conhecidas músicas de Villa Lobos. Este compositor utilizou em muitas de suas composições temas musicais do folclore brasileiro.

    Imite um trem

10. Padroeiro dos violeiros do Brasil, viveu na cidade de Amarante, em Portugal, e conta-se que gostava de tocar viola e dançar. A dança que leva seu nome acontece principalmente nos sítios e casas para pagamento de promessa. Encontrada também na região de Mogi das Cruzes/SP, geralmente tem cantoria, palmeado e sapateado, com acompanhamento de violas. Essa é a dança de:

    a) São Sebastião   b) São Paulo   **c) São Gonçalo**

frente

verso

Região Centro-Oeste

1. Folguedo famoso da cidade de Pirenópolis, em Goiás. Lembra os torneios medievais e as batalhas entre cristãos e mouros, tendo como personagens principais os cavaleiros. Que folguedo é esse?

   a) Cavalhada　　　b) Caboclo　　　c) Fandango

2. Espécie de violão pequeno com cinco cordas, de uso tradicional nos estados de Mato Grosso e Mato Grosso do Sul, nas danças Cururu e Siriri. Que instrumento é este?

   a) Cavaquinho　　　**b) Viola-de-cocho**　　　c) Rabeca

3. O hábito de cantar em duplas foi uma tradição herdada de Portugal, dos denominados "duetos" ou "modas a duo". Daí se originaram as duplas caipiras e mais tarde as duplas sertanejas.

   Cite o nome de uma conhecida dupla sertaneja de Goiás.

4. Dança tradicional do Mato Grosso e Mato Grosso do Sul, acompanhada pelos instrumentos musicais: viola-de-cocho, ganzá, reco-reco de bambu, também identificado como cracachá ou caracachá, mocho (um banquinho de madeira com couro esticado no assento). Com coreografias variadas, é dançada por homens e mulheres. Que dança é esta?

   a) Catira　　　b) Carimbó　　　**c) Siriri**

5. O catira é dos gêneros mais tradicionais da cultura caipira paulista, resultante da fusão entre as culturas indígenas e ibérica. Ele estendeu-se à região centro-oeste sendo bem popular no estado de Goiás. Geralmente dançada por homens, a grande arte dos catireiros está:

   a) no bate-pés e palmas　b) no dançar batendo espadas de madeira　c) em dançar com os pés descalços

6. O Parque Indígena do Xingu, antes chamado Parque Nacional do Xingu, criado em 1961 é uma das maiores reservas indígenas do Brasil. Você passou por lá e se encantou com seus hábitos e cultura, resolvendo ficar mais uns dias.

   Avance 3 casas, pois você renovou suas energias.

7. Nascido em Campo Grande, Mato Grosso do Sul, é cantor, toca violão e viola-caipira. Participou como ator nas novelas "Pantanal" e "O Rei do Gado", sendo grande divulgador da música identificada como pantaneira. Quem é ele?

   a) Leonardo　　　**b) Almir Sater**　　　c) Zezé de Camargo

Brincando e aprendendo: um novo olhar sobre o ensino de música
Trilhando o Brasil
EM Profa Marlene Muniz Schmidt

8. Figura importante no cenário musical tradicional do centro-oeste, não existe festa sem ele.

   a) Flautista   b) Pianista   **c) Violeiro**

9. Folguedo/ritual bastante presente no centro-oeste e em muitas regiões paulistas. Acontece nos meses de dezembro a janeiro, com muita cantoria e oração. São grupos que representam a visita dos três Reis Magos ao Menino Jesus, quando vão com sua bandeira de casa em casa tocando e cantando, pedindo donativos para sua festa. Na frente vão dois homens fantasiados de "palhaços" com máscara e roupas de cores vivas. Qual é este folguedo?

   a) Folia dos Reis   b) Festa do Divino   c) Natal

10. No Centro-oeste, temos uma das maiores belezas naturais do país: o pantanal. Com vegetação e fauna riquíssimas, é considerado, pela UNESCO, Patrimônio Natural Mundial e Reserva da Biosfera. A ave tuiuiú é um símbolo do pantanal. Parabéns, como um *tuiuiú* você voou!

    Avance três casas

frente

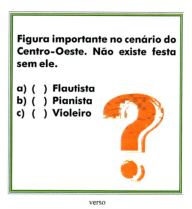
verso

Região Nordeste

1. Os afoxés baianos são blocos compostos de pessoas ligadas à crença religiosa de origem africana conhecida como Candomblé. Desfilam, comumente, ao som de cantos em dialeto africano e acompanhados por instrumentos de percussão. Como se chama o principal ritmo utilizado por esses grupos?

   a) Axé   b) samba-reggae   **c) Ijexá**

2. Blocos de pessoas vestidas de índios, que se apresentam principalmente no carnaval pernambucano. A dança simboliza um combate e seus participantes trazem nas mãos um instrumento

Brincando e aprendendo: um novo olhar sobre o ensino de música
Trilhando o Brasil
EM Profa Marlene Muniz Schmidt

musical chamado 'preaca", um tipo de arco e flecha que serve para fazer a marcação do ritmo. Que dança é esta?

a) Cururu   **b) Cabocolinhos**   c) Capoeira

3. De origem africana, é um misto de dança, jogo e luta. Muito popular na Bahia, é acompanhada por instrumentos como caxixi, pandeiro, atabaque e, principalmente, o berimbau. Que manifestação popular é esta?

a) Cabocolinhos   b) jongo   **c) Capoeira**

4. Quando se fala nesta dança, as pessoas já associam a palavra a uma dança de roda da infância, uma brincadeira muito gostosa. Mas ela é também uma dança de roda de adultos, de origem portuguesa, praticada no litoral de Pernambuco. Qual é esta dança?

a) Xaxado   **b) Ciranda**   c) Quadrilha

5. A tão conhecida quadrilha tem origem francesa (quadrille), e encontra-se em todo o Brasil. São muito famosas as quadrilhas da cidade de Campina Grande, na Paraíba, que são apresentadas todos os anos em uma grande festa. Qual é esta festa?

a) Carnaval   **b) Festa Junina**   c) Festa do Caipira

6. Nascido no sertão de Pernambuco, considerado o Rei do Baião, foi cantor, compositor e acordeonista, divulgador também do xaxado, dança predileta de Lampião. Entre suas várias músicas, a mais famosa é a "Asa Branca". Quem é ele?

a) Roberto Carlos   b) Tom Jobim   **c) Luiz Gonzaga**

7. É um ritmo característico do estado de Pernambuco:

a) Frevo   b) Rock   c) Bossa - Nova

8. Cante um trecho de um forró!

Olha que ritmo gostoso!

9. Você chegou no sertão nordestino, que é uma região muito seca. Com sua chegada a chuva apareceu. Parabéns!

Avance 3 casas

10. Você quer passar mais tempo admirando as praias da Região Nordeste.

Fique uma rodada sem jogar

Brincando e aprendendo: um novo olhar sobre o ensino de música
Trilhando o Brasil
EM Profa Marlene Muniz Schmidt

231

frente

verso

Região Sul

1. Dança praticada no Rio Grande do Sul por pessoas de diferentes idades, sendo originária de Portugal. Qual é ela?

    a) Maracatu b) Caiapós **c) Pezinho**

2. Conta a lenda que o Negrinho do Pastoreio vive galopando pelos Pampas Gaúchos durante a noite.

    Imite o som do galope.

3. No Rio Grande do Sul, é uma das danças tradicionais. Foi trazida para o sul por colonos das ilhas dos Açores e da Madeira. Em sua forma tradicional, na posição inicial dessa dança os participantes ficam em duas fileiras, uma de frente para a outra, uma de homens e outra de mulheres. É uma dança de pares em fileiras opostas acompanhada pela harmônica, gaita ou sanfona. Que dança é esta?

    a) Chimarrita b) Balaio c) Cana Verde

4. Os folguedos que têm o boi como figura principal são encontrados em várias partes do Brasil, e recebem nomes diferentes de acordo com a região. Como ele é conhecido no estado de Santa Catarina?

    a) Boi de Mamão b) Boi Bonito c) Bumba meu boi

5. Você almoçou em um restaurante da região Sul com direito a muito churrasco e chimarrão. Porém, esqueceu-se de pagar a conta.

    Volte duas casas

Brincando e aprendendo: um novo olhar sobre o ensino de música
Trilhando o Brasil
EM Profa Marlene Muniz Schmidt

6. Dança de homens cujos dançarinos utilizam uma vara de madeira no chão, sobre a qual um executa passos complicados para que o outro repita: é um desafio. Quem não conseguir repetir ou errar, perde. Qual é esta dança?

   a) Tirana   **b) Chula**   c) Chimarrita

7. Relacionado à Irmandade de Nossa Senhora do Rosário, para pagar promessa à santa padroeira, cantam inúmeros versos pela noite toda; um "puxa" o canto e os outros respondem. Em fila dupla, são acompanhados por tambores e um tipo de reco-reco.

   a) Chula   b) Chimarrita   **c) Quicumbi**

8. Dupla formada por irmãos gaúchos que começaram a carreira no grupo "Almôndegas". Entre suas músicas mais famosas estão: "Maria Fumaça" e "Vira Virou". Mas é na música "Trova" que essa dupla apresenta o toque mais característico do repente gaúcho. Qual é esta dupla?

   a) Chitãozinho e chororó   b) Zezé de Camargo e Luciano   **c) Kleiton e Kledir**

9. Entre as danças da Região Sul, qual delas é a que tem um alto mastro no centro em torno do qual acontece a dança?

   a) Tirana   **b) Dança de fitas**   c) Chula

10. Com ocorrências de geadas, bem como neve em um ou outro município gaúcho e catarinense, a Região Sul é onde encontramos o inverno mais rigoroso do país. Parabéns! Você chegou, o sol se apresentou e nos esquentou!

    Avance três casas

frente

verso

5. Objetivos

- Levar os alunos do ensino básico a aprender música de diversos contextos culturais de nosso país, proporcionando-lhes a ampliação do repertório cultural de cada região.

Brincando e aprendendo: um novo olhar sobre o ensino de música
Trilhando o Brasil
EM Profa Marlene Muniz Schmidt
6. Conteúdos | 7. Como jogar

- Possibilitar que os alunos conheçam ritmos, instrumentos, danças e costumes de cada região do Brasil.
- Desenvolver e estimular o conhecimento perceptivo e cognitivo.

6. Conteúdos

- Conhecimentos de:

    Ritmos

    Danças

    Festas populares

    Folguedos

    Costumes

    Geografia

    Instrumentos musicais

    História

    História da música

7. Como Jogar

- Cada jogador escolhe um pião, coloca na partida e lança o dado. Aquele que sortear o maior número começa o jogo.
- A trilha tem seu início na região Sudeste e termina na região Sul. Vence aquele que chegar primeiro.
- Para seguir a trilha, lance o dado e ande o número de casas correspondentes.
- Esteja atento aos pontos de interrogação, pois cada vez que você cair numa casa que tenha um deles, deverá sortear uma carta correspondente à região em que está.
- Cada carta terá um desafio que deverá ser cumprido. Se você realizar o desafio proposto, terá o direito de avançar uma casa. Caso você não consiga, deverá retornar duas casas.
- O jogo acaba quando um jogador percorre todo o caminho, conhecendo assim todas as regiões do Brasil.

8. Fundamentação Teórica

O jogo *Trilhando o Brasil* tem como foco trabalhar os conhecimentos de música de nossa cultura popular de tradição. Esta música é de fundamental importância na escola, por isso:

> Cabe ao professor, (...) a responsabilidade de aproveitar o que há de útil nas manifestações folclóricas do nosso povo (...). A prática do Folclore (...) irá permitir conhecer, valorizar o nosso homem do povo, simples por excelência, modesto, humilde, brasileiro de verdade, e as nossas incomparáveis manifestações folclóricas, dignas do nosso país. (FONSECA, 1995, p.13)

É de extrema relevância que nós, professores, assumamos um compromisso com nossa cultura popular brasileira, "ensinar exige o reconhecimento e a assunção da identidade cultural" (FREIRE, 1996, p. 41). "Assunção de nós por nós mesmos" (FREIRE, 1996, p. 42)

> O caráter interativo e abrangente do folclore permite a mistura de diversos folguedos (...), observando-se numa mesma festa diferentes manifestações, como música, danças, teatros, crendices, superstições, cujos cenários são sempre os locais públicos. (CÔRTES, 2000, p.15)

Podemos com isso aprender com uma visão global integrando música, dança, teatro, ritos e costumes populares tradicionais em um único jogo didático.

> Certas manifestações da cultura popular tradicional brasileira – do nosso folclore – como as festas, os folguedos, as danças e as brincadeiras infantis, têm o poder de unir as pessoas e fazê-las experimentar uma sensação de felicidade que só a combinação de movimento, imaginação e proximidade/cumplicidade com o outro pode proporcionar. (FERNANDES, 2001, p. 2)

O aprendizado de música da cultura popular não pode estar descontextualizado da produção sócio-cultural de seu povo, devendo estar sempre atento a possíveis mudanças de pensamentos e transformações sociais. Por isso, é relevante o conhecimento da história da cultura de um povo que preserva seus rituais, seus saberes espirituais e materiais, herdados de gerações passadas. É fundamental seu imenso valor histórico-cultural engajado aos conteúdos que a escola deve desenvolver.

Este jogo também trabalha o conhecimento de alguns dos principais compositores e intérpretes de nossa cultura popular brasileira, possibilitando às crianças expandirem seus conhecimentos sobre consagrados e importantes músicos brasileiros.

9. Para saber mais

"Festa, Dança, Folguedo e Brincadeira: Qual a diferença?"

Festa:

> As festas tradicionais são reuniões comemorativas, que unem a comunidade na celebração de algum evento importante, geralmente ligado a datas marcantes do calendário católico. Nelas é possível identificar antigos costumes e tradições das culturas europeias, misturados com elementos das culturas africana e indígena e de outros povos que vivem em nosso país.
>
> O Natal, o Carnaval e os Santos Padroeiros do mês de junho são motivos de festa em todas as regiões do País, mas há também festas locais, de acordo com a tradição de cada cidade ou estado, como a Festa do Senhor do Bonfim, em Salvador, ou o Círio de Nazaré, em Belém. Nas festas em geral, além de comes-e-bebes, há folguedos e/ou danças. (FERNANDES, 2001, p.2)

Folguedo:

> Folguedos são apresentações presentes nas festas populares que reúnem dança, música e atividade teatral". (FERNANDES, 2001, p.4) "Quem vai às festas juninas do Estado do Maranhão costuma presenciar o Bumba-meu-boi: um folguedo que poderíamos chamar de folguedo dramático, pois tem partes teatralizadas (dramáticas) e diversas músicas e danças. Os folguedos, como o Bumba-meu-Boi, a Folia de Reis, o Pastoril e outros, são realizados sempre em grupo e incluem, além de música e dança, a presença simbólica de alguns personagens. (FERNANDES, 2001, p.3)

Brincadeira:

> Em festas populares, gente de todas as idades se mistura na brincadeira. Em algumas regiões de nosso território, os participantes de folguedos populares são chamados "brincantes", como é o caso dos "brincantes" do Maracatu de Pernambuco" (...) "Há algumas brincadeiras tradicionais que "gente grande" não costuma praticar:adultos podem morrer de vontade, mas dificilmente jogam bolinha de gude ou pulam carniça, também conhecida como unha-de-mula. Por outro lado, empinar papagaio é brincadeira que muito adulto adora e se permite fazer. (FERNANDES, 2001, p.3)

Dança:

> Em outras festas não aparecem folguedos. Quando há danças, estas podem ser dançadas individualmente, aos pares ou em grupo. O samba, o coco, o baião, o frevo, por exemplo, são somente danças, não apresentando aspecto dramático, e animam as festas populares,.. (FERNANDES, 2001, p.3)

10. Referências

ARAUJO, Alceu Maynard. **Brasil: história, costumes e lendas.** São Paulo: Três, 1993.

COLL, César e TEBEROSKY, Ana. **Aprendendo Arte.** São Paulo: Ática, 2000.

CÔRTES, Gustavo. **Dança, Brasil! Festas e Danças Populares.** Belo Horizonte: Leitura, 2000.

CORTES, Paixão e LESSA, Barbosa. **Manual de danças gaúchas.** São Paulo: Irmãos Vitale, 1997.

DUMONT, Sávia. **O Brasil em festa.** São Paulo: Companhia das Letrinhas, 2000.

FERNANDES, Iveta M. B. Ávila. **Artes do Festejar e Brincar.** São Paulo: CENPEC / Rede Globo, 2001. (Coleção A Arte é de Todos)

FONSECA, Meire Berti Gomiero. **Folclore na Prática Educacional - Município de Vigia.** Vigia: Do Autor, 1995.

FREIRE, Paulo. **Pedagogia da autonomia: saberes necessários à prática educativa.** São Paulo: Paz e Terra, 1996. (Coleção Leitura)

IKEDA , Alberto T. **Brasil sons e instrumentos populares** [Catálogo de exposição]. São Paulo: Instituto Cultural Itaú,1997.

_____. Música na terra paulista: da viola caipira à guitarra elétrica. In: SETUBAL, Maria Alice (Coord.) **Manifestações artísticas e celebrações populares no Estado de São Paulo.** São Paulo: CENPEC / Imprensa Oficial, 2004. p.141-167(Coleção Terra Paulista: História, arte, costumes) (v.3).

IKEDA, Alberto T. e PELLEGRINI Filho, Américo. Celebrações populares paulistas: do sagrado ao profano. In: SETUBAL, Maria Alice (Coord.) **Manifestações artísticas e celebrações populares no Estado de São Paulo.** São Paulo: CENPEC / Imprensa Oficial, 2004. p.169 - 209 (Coleção Terra Paulista: História, arte, costumes) (v.3).

KATZ, Helena e JOSÉ, Antonio M. **Danças Populares Brasileiras.** São Paulo: Rhodia S. A, 1989.

MAURIZIO, Manzo e Felipe, Carlos. **O grande livro do folclore.** Belo Horizonte: Leitura, 2000.

MARQUES, Lílian Argentina et al. **Rio Grande do Sul: aspectos do folclore.** 5. ed. Porto Alegre: Martins Livreiro, 2004.

ROSA, Nereide S. Santa; BONITO, Ângelo. **Villa Lobos.** São Paulo: Callis, 1994. (Coleção Crianças famosas)

XAVIER, Marcelo. Coleção **O folclore do Mestre André.** Belo Horizonte: Formato Editorial, 2000.

www.terrabrasileira.net/folclore/regioes/regioes.htmlwww.terrapaulista.org.br/arte/musica/festas/ Acesso em: 15 /01/ 2009.

11. Autores

Diretora
Ana Lucia Fernandes Gonçalves

Coordenadora Pedagógica
Márcia Regina de Moura Ceola

Música / Pesquisador Estagiário
Everton David Gonçalves David

Professoras
Amarinha Penha Gonçalves Siqueira
Ana Claudia Teixeira Ribeiro
Carla Edi Rodrigues
Célia Regina Peixoto Barbosa
Cleide Aparecida do Prado
Isabel Cristina Pereira L Garcia
Janete Ignez Gomes Henriques
Maria Eunice A. Maiolo
Maria Helena Gran Cristoforo
Maria Luiza de Lima Camargo Giuliani
Marisa Franco de Camargo
Meire Valvino Martins
Mônica Campos
Mônica Maria Prado de Melo
Sandra Maria Rafael Junqueira de Barros
Sônia Mara Rafael de Araujo

Colaboradores
Silvia de Simone – Arte (Ilustração)

O CD que acompanha este livro contém:

A Foca - EM Prof. Adolfo Cardoso

- Imagens utilizadas nos cartazes.

Amarelinha Musical - EM Profª Guiomar Pinheiro Franco

- Músicas: áudio e partituras para utilizar durante o jogo em duas versões de andamentos diferentes:
  - Atirei o Pau no gato
  - Bambu
  - Cachorrinho está latindo
  - Cai, cai balão
  - Ciranda, cirandinha
  - Marcha Soldado
  - Marinheiro só
  - O trem de ferro
  - Pirulito
  - Samba lelê
  - Serra, serra, serrador

A Música nas Múltiplas Inteligências – EM Verª. Astréa Barral Nébias e EM Prof. Cid Torquato (escola rural)

- Tabuleiro e cartelas utilizadas no jogo.

Aprendendo com Brincadeiras Cantadas - EM Prof. Sergio Hugo Pinheiro

- Vídeo: edição com brincadeiras cantadas

Baú Mágico - EM Prof. Álvaro de Campos Carneiro

- Áudios de sonorizações de histórias e explicações sobre como cada uma foi feita:
  - Dia-a-dia
  - Nunca se sabe o que pode acontecer
- Partitura da música "Dia-a-dia"

Bingo Sonoro - EM Cecilia de Souza Lima Vianna

- Cartelas para jogar o Bingo.
- 44 faixas com sons para jogar.

Bola Facetada Musical - EMProf. João Gualberto Mafra Machado

- Imagens para elaboração da "bola facetada"

Boliche dos Sons - C.C.I.I. Ignêz Maria de Moraes Pettená

- Imagens para colar nos pinos do boliche

Brincando com Pedro e o Lobo - C.C.I.I.Dr. Argeu Batalha

- Tabuleiro com as peças em tamanho real, para imprimir em folha A4.

CD-ROM de Jogos - EM José Alves dos Santos

- Jogos interativos para jogar no computador.

Cuidar do Amanhã - EM Antônio Nacif Salemi

- Vídeo: música e edição com relatos sobre o processo de criação do jogo.

Dado da Diversidade - C.C.I.I. Sebastião da Silva

- Imagens de animais e de instrumentos musicais para montar o seu próprio dado.

Educar para a Vida - EM Prof. Mario Portes

- As 8 músicas criadas pelos alunos e professores:
  - Amigo
  - Brincar
  - Comunicação
  - A Natureza
  - Arroz e feijão... disso eu não abro mão
  - Higiene
  - É hora
  - Eu venci
  - Medley 8 jeitos de mudar o mundo – instrumental.

Ensinando Música com Cores e Sons - EMESP Profa. Jovita Franco Arouche

- Material para adaptar os instrumentos musicais e "partituras" para iniciar o trabalho

Montando a Orquestra - EM Profa. Maria José Tenório de Aquino Silva

- Cartões do Jogo
- Partes para montar o tabuleiro

O Carnaval dos Animais - EM Dom Paulo Rolim Loureiro

- Imagens utilizadas no jogo.

Tapete Sonoro - EM Dr Isidoro Boucault

- Imagens – kits temáticos para imprimir:
  - Figuras de Animais
  - Fotos de instrumentos musicais
  - Imagens da Natureza
  - Imagens diversas
  - Instrumentos da escola
- 33 faixas com sons para jogar.

Trilha Cultural de Mogi das Cruzes - EM Prof Antonio Paschoal Gomes de Oliveira

- Cartas com perguntas do jogo.
- Imagens utilizadas no jogo

Trilhando o Brasil - EMProfa. Marlene Muniz Schmidt

- Cartas com perguntas do jogo.
- Tabuleiro do jogo.

FICHA TÉCNICA DO CD

Revisão, Edição e produção de conteúdo multimídia

Carlos Roberto Prestes Lopes

Fotografia

Arquivos das escolas
Carlos Roberto Prestes Lopes
Kelli Correa Brito
Wasti Silvério Ciszevski

Projeto gráfico e desenvolvimento

Daniel Lazaroni Apolinario

A Foca

Cartazes
Geraldo Monteiro Neto

Amarelinha Musical

Teclado
Elaine Cristina Raimundo

Baú Mágico

Nunca se sabe o que pode acontecer
História
Sonia Aparecida Quadra Pereira e seus alunos
Sonorização
Elis Maria de Araujo
Cassiano Santos de Freitas
Sonia Aparecida Quadra Pereira
Sidney Aparecido Pontes de Lima Franco
Thiago Gabriolli Chiarantano

Dia a Dia
História
Professsores e seus alunos da EJA
Regina Maria Toledo de Morais,
Rejane José do Nascimento de Oliveira,
Sandra Regina Fritoli Renzi,
José Elias Alves de Barros

Sonorização

Elis Maria de Araujo

Cassiano Santos de Freitas

Sidney Aparecido Pontes de Lima Franco

Thiago Gabriolli Chiarantano

Partitura

Cassiano Santos de Freitas

Auxílio de produção da mídia

Geraldo Monteiro Neto

Bingo Sonoro

Fotografia & Reedição dos sons

Alvaro Shozo Kudamatsu

Instrumentos e sons

afoxé, vaca, pato: Aguinaldo Henrique Pires

acordeon, guitarra, agogô, bateria, caixa, carrilhão, cavaquinho, gaita, gongo, pandeiro, piano, pratos, triângulo, violão, violino: Everton David Gonçalves David

trompa: Ewerton dos Santos Siqueira Santos

tamborim: Felipe Stevan Bordignon

trombone, tuba: Honorato Rodrigues

flauta, saxofone: Márcio Potel

Gravações

Aguinaldo Henrique Pires

Everton David de Gonçalves David

Fátima Aparecida Pereira Lopes

Apoio para gravações

Equipe da EM Prof Mario Portes

Diretora: Rosana Petersen

Maestro: Daniel Carlos Amendola Bordignon

Imagens

Designer gráfico-UY2-Aguinaldo A. Soares - cliparts.fotos.fontes

Glaxy of clipart – Ed. Luxo

Bola Facetada Musical

Fotografias dos instrumentos musicais

Wasti Silvério Ciszevski

Brincando com Pedro, o Lobo e a Orquestra Sinfônica

Montagem para imprimir - peças do tabuleiro
Carlos Roberto Prestes Lopes
Imagens
http://www.sxc.hu/
http://www.dreamstime.com/
http://www.freedigitalphotos.net/

CDROM de Jogos

Jogos interativos
Feitos a partir na plataforma LIM, disponível em www.educalim.com
Imagens utilizadas nos jogos
http://www.sxc.hu/
www.tarsiladoamaral.com.br
www.pinturabrasileira.com.br
www.tvcultura.com.br
www.wikimedia.org

Cuidar do Amanhã...

Filmagem e Pré-Edição em vídeo
EME. – Empresa Mogiana de Eventos
Música
Telma Cristina Militão de Oliveira
Letra
Edna Camillo e seus alunos do Infantil IV- 2007
Teclado
Telma Cristina Militão de Oliveira
Violão
Daniel Granado
Interpretação
Alunos do Infantil IV- 2007
Dinalva Braz
Edna Camillo
Liliana Franco de Carvalho

Dado da diversidade

Fotografias dos instrumentos musicais
Imagens de animais
http://www.sxc.hu/

Educar para a Vida

Músicas compostas e arranjadas na escola

Amigo

Professoras

Simone Teodoro Silva Viana e alunos da 1ª série A de 2008

Márcia de Oliveira Raider e alunos da 1ª série B de 2008

Pesquisadora de música

Telma Cristina Militão de Oliveira

Brincar

Professores(as)

Inês Gomes Teixeira e alunos da 2ª série A de 2008

Rosângela Lopes Siqueira e alunos da 2ª série A de 2008

Carlos Roberto Cavalcante e alunos da 2ª série B de 2008

Sandra Regina Fritoli Renzi e alunos da 1ª série A de 2007

Gisele Pereira de Campos e alunos da 1ª série B de 2007

Daniela Feitosa de Sousa e alunos da 1ª série C de 2007

Simone Teodoro da Silva e alunos da 1ª série D de 2007

Pesquisadora de música

Telma Cristina Militão de Oliveira

Comunicação

Professoras

Lilan Carla de Castro e Abreu e alunos da 2ª série C de 2008

Ana Paula Dionízio Macedo Soares e alunos da 2ª série D de 2008

Sandra Regina Fritoli Renzi e alunos da 1ª série A de 2007

Gisele Pereira de Campos e alunos da 1ª série B de 2007

Daniela Feitosa de Sousa e alunos da 1ª série C de 2007

Simone Teodoro da Silva e alunos da 1ª série D de 2007

Pesquisadora de música

Telma Cristina Militão de Oliveira

Arthur Iraçu Amaral Fuscaldo

A Natureza

Professoras

Lucila Maria de Godoi e alunos da 3ª série A de 2008

Luciani Aparecida Nascimento Mariano e alunos da 3ª série B de 2008

Pesquisadora de música

Telma Cristina Militão de Oliveira

Arroz e Feijão... Disso eu não abro mão

Professoras

Rosangela Lopes Siqueira e alunos da 3ª série C de 2008

Rosemeire Aparecida de Sousa Cardoso e alunos da 3ª série D de 2008

Simone Teodoro Silva Viana e alunos da 3ª série D de 2008

Pesquisadora de música
Telma Cristina Militão de Oliveira

Higiene
Professoras
Lenina Ayub de Medeiros e alunos da 4ª série A de 2008
Cátia de Paiva Oliveira e alunos da 4ª série B de 2008
Pesquisadora de música
Telma Cristina Militão de Oliveira

É Hora
Professoras
Márcia Melo de Assis Namiuti e alunos da 4ª série C de 2008
Lenina Ayub de Medeiros e alunos da 4ª série D de 2008
Pesquisadora de música
Telma Cristina Militão de Oliveira

Eu Venci
Professores
Fernanda Martins Franco e alunos da Educação de Jovens e Adultos de 2008
Graziele Suniga Gonçalves e alunos da Educação de Jovens e Adultos de 2008
Lilian Carla de Castro e Abreu e alunos da Educação de Jovens e Adultos de 2008
Lilian Saraiva Sernada e alunos da Educação de Jovens e Adultos de 2008
Lucimara Freire e alunos da Educação de Jovens e Adultos de 2008
Marineide Cardoso da Conceição e alunos da Educação de Jovens e Adultos de 2008
Silvania Rodrigues Tavares de Oliveira e alunos da Educação de Jovens e Adultos de 2008
Pesquisador de música
Douglas dos Santos Silva

Arranjos de piano e teclado
Pesquisadora de música
Telma Cristina Militão de Oliveira

MEDLEY "8 JEITOS DE MUDAR O MUNDO"
Banda Sinfônica Jovem Mario Portes: interpretação.
Regência: Daniel Carlos Amendola Bordignon
Instrumentos utilizados no arranjo:
- Flauta - Monitora Lucimara Aires da Silva e alunos de 2008
- Clarineta e Saxofones Alto e Tenor - Monitor Marcio Augusto Potel e alunos de 2008
- Trompetes - Monitor Aguinaldo Henrique Pires e alunos de 2008
- Trombones e Tuba - Monitor Honorato Rodrigues e alunos de 2008
- Trompas - Ewerton dos Santos Siqueira e Silva e alunos de 2008

- Contrabaixo elétrico - Pesquisador de música Douglas dos Santos Silva (Gamboa)
- Acordeon - Roberto Romano da Silva
- Bateria e Percussão (prato, pandeiro, triângulo, caxixi, afuxé, clavas, pau de chuva)- Felipe Stevan Bordignon da Silva e alunos de 2008

Ensinando Música com Cores e Sons

Material para facilitar comunicação visando emparelhamento entre cores e notas musicais: Partituras

Cassiano Santos de Freitas

Diagramação do material para impressão

Carlos Roberto Prestes Lopes

Montando a Orquestra

Gráficos do tabuleiro e das peças que o compõem

http://www.sxc.hu/

http://www.dreamstime.com/

http://www.freedigitalphotos.net/

O Carnaval dos Animais

Fotos e Imagens

http://www.sxc.hu/

http://www.dreamstime.com/

Tapete Sonoro

Fotos e Imagens

http://www.sxc.hu

Trilha Cultural de Mogi das Cruzes

Imagens

Nerival Rodrigues

Wilma Ramos

Trilhando o Brasil

Imagens

Silvia de Simone